U0030521

從零開始讀懂經濟學

序文

◇從零開始讀懂經濟學

　　報紙、電視上天天都在談經濟新聞；而我們每天購物、打工或旅遊，也都是經濟活動。經濟理應是相當貼近你我生活的一件事，「經濟好難」、「我不太懂經濟」之類的說詞卻時有所聞。如此貼近你我生活的經濟，為什麼會讓人覺得「不懂」或「難以理解」呢？這是因為要串聯起生活中許多經濟相關的片斷資訊，需具備經濟學的基礎知識和概念，但大家對它們似乎並不熟悉，或一知半解。於是本書就在這樣的疑惑之下，應運而生。

　　提到經濟學，或許有人會覺得「有一堆算式，看起來很難」、「很抽象，不知道它和現實生活有什麼關係」。事實上，經濟學的迷人之處，就在於它能化繁為簡，用算式呈現現實生活中的經濟現象，再進一步思考。不過，正因為用數學來呈現經濟現象太方便，有時會令人疏於仔細講解數字背後所代表的重要經濟概念，這也是個不爭的事實。我想應該有些同學為了搞懂艱深的圖表或算式而感到精疲力竭，便在真正領略經濟學的妙趣之前，就先選擇了排斥。本書最重要的目的，就是在檢討過這些教學上的缺失後，揚棄以往「從算式、圖表教起」的做法，改為「從零教起」，也就是「從頭開始」的方式，讓更多讀者願意接觸經濟學。不過，為了讓各位能透過圖像加深理解，本書中還是加入了些許簡單的圖表。

◇本書結構

其實不僅是經濟學，所有學問都有其獨特的思維概念和觀點。如果沒有充分了解這些概念與觀點就繼續學習，日後學習者一定會萌生「無趣」、「好難」的念頭。本書定位為經濟學的入門書籍，在提供最基本、必備知識的同時，更聚焦在如何為讀者培養經濟學的觀點和思維。此外，在經濟學當中有兩大領域，觀點和思維概念略有不同。因此，我們和其他許多經濟學的教科書一樣，也會就這兩大領域分別進行解說。

在第 I 部「基礎個體經濟學」當中，我們要學習這個支撐你我每日經濟活動的「市場」如何運作，以及它的侷限何在。誠如各位所知，隨著全球化的發展，如今全世界有超過六十億人過著相互依存的生活。如此龐大的經濟社會能極其順暢地運作，都是拜亞當・斯密（Adam Smith）所謂的「看不見的手」——也就是市場的運作所賜。我們除了要學習市場的運作機制如何神通廣大之外，也要了解它的不完整性與侷限。

至於在第 II 部的「基礎總體經濟學」當中，我們要學習從宏觀角度認識經濟活動的重要性。每個人理性的行為，與每個市場的良性運作，在總體經濟上不見得一定會帶來理想的結果，甚至有可能造成勞工失業、企業倒閉，或國與國之間的貿易失衡。此外，政府和中央銀行等機構與個人或企業不同，一舉一動，會對總體經濟帶來極大的影響。若對政府、央行的政策與效應一無所知，就不可能真正了解經濟的內涵。

◇如何活用本書

本書運用了許多巧思，以幫助各位理解書中內容，進而對經濟學產生興趣。為了讓這些巧思充分發揮該有的功能，以下謹介紹本書的三種使用方式。

先學個經或總經都無妨

第一部和第二部各自獨立，可分開閱讀。請各位先閱讀完序章，之後如果覺得「總體經濟學好像比較有意思」，可先從第二部開始讀起。我們認為，最重要的是讓各位對經濟學感興趣。不過，若選擇從第一部開始讀，就請繼續讀到第一部的最後；選擇從第二部開始讀，就請一路讀到第二部結束。

善用「專欄」

本書每一章都有兩個專欄。在專欄當中，我們會介紹與該章主題相關，但稍更深入的內容。最標準的閱讀順序，是先讀完該章正文，再看專欄，以加深理解。不過，無論選擇先讀第一部或第二部，先將各部的正文全都讀過之後，再回來讀專欄，或許更會覺得專欄好懂易讀——這是因為深入的內容難免會牽涉到其他相關知識的緣故。因此，先讀完第一部的正文之後，再看第一部的專欄；先讀完第二部的正文之後，再看第二部的專欄，以確認理解是否正確，這也不失為一個好方法。

各章最後都附有「動動腦」的單元，請各位務必一試。設計這個單元的目的，最主要當然是為了要確認各位在該章的學習成果，但的確也有請各位「動腦想一想」的用意。甚至有些問題的答案，

還可能不只有一個。期盼透過這樣的思考，能讓各位對經濟學產生興趣，也讓各位了解現實世界的經濟問題，有時不見得只有單一解答。

◇代結語

很多人都曾因為有幸遇到好老師，而喜歡上某個科目。我們認為，教科書也有異曲同工之妙。負責撰寫本書的每位老師，除了肯定經濟學值得學習之外，也深信它是一門有趣的學問——書中每一章都承載著我們的這份信念。但願各位能透過本書，萌生對經濟學的興趣，讓本書名符其實，成為各位認識經濟學的起點。

2010 年 9 月

神戶大學名譽教授　中谷　武

神戶大學　中村　保

CONTENTS

第2章　需求與供給

第3章　價格機能

第6章　市場的極限

第7章　勞動市場

第Ⅱ部 基礎總體經濟學

第8章 何謂GDP？

第9章 決定GDP的因素為何？

第10章　消費需求與投資需求

第11章　貨幣與金融

第12章　政府的功能

第13章　國際貿易與匯率

第14章　經濟成長與國民生活

序章

經濟學與你我

序章

第1章

第2章

第3章

第4章

第5章

第6章

第7章

第8章

第9章

第10章

第11章

第12章

第13章

第14章

1. 前言

翻開報紙，每天都可以看到很多財經報導；打開電視，天天都可以看到財經話題。例如「儘管日本的 GDP 已逐步回升，但就業情勢依舊嚴峻」，或「日圓強升，恐衝擊貿易」，又或是「買環保車，現在正是時候」等報導或新聞，皆不時躍上媒體版面。出現這些報導時，各位有什麼感受呢？是不是有很多人提到打工、新款手機等話題就興味盎然，知之甚詳，但說到日本的 GDP 或日圓升值，就一知半解，甚至質疑這些話題究竟和我們的生活有什麼關係？

這本經濟學的教科書，是為了帶領沒接觸過經濟學的大學生，從基礎開始學習經濟學所寫。因此在這一章當中，我們要先探討經濟學究竟是一門什麼樣的學問，以及它和我們的生活究竟有什麼關係。

2. 何謂經濟學

我們每天在生活當中，都會接觸到很多事件，而這些事件多半都與經濟有關。舉凡景氣低迷，失業人數上升，大學畢業生就業狀況不佳，匯率每日變動……這些都是經濟現象。我們學習經濟學的目的，首先就是要了解這些經濟現象究竟代表什麼涵義。何謂景氣？何謂日圓升值？物價又是什麼意思？確實地了解這些經濟用語的涵義，是學習經濟學的第一步。

◇透過數據了解經濟現象

　　經濟學用語的範圍很廣，從日常級到專業級都有。其中有些詞彙是社會人士的基本常識，也有些詞彙在日常生活中頗為常用，但在經濟學上的解釋，又與平時略有不同。了解這些基本詞彙，的確是學習經濟學的起點。這裡我們也要介紹方便的學習利器，那就是透過具體的數據資料來認識這些術語。有些經濟用語廣為人知，平易得就像麵包的價格、行動電話的月租費；但也有些是在生活中較少接觸，又略顯抽象的詞彙，例如「物價水準」或「失業率」等。一國的生產、就業、勞工人數與薪資水準、與他國之間的貿易等，都是和總體經濟有關的概念，一般人很難切身感受它們的高低變動。不過，現在透過網路，我們可以輕易地取得這樣的統計數據。從了解生活周遭的數據出發，再擴展到對地區、國家數據的認識，是很重要的學習歷程。

　　搭配具體數據，了解經濟現象之後，下一步我們要知道經濟學究竟是在做什麼，也就是思考這些現象為何會發生。例如近幾年景氣持續惡化，那麼下一個要問的問題就是「為什麼景氣惡化」。像這種從「現象」發展到對「背景的疑問」的思考方式，其實不只有經濟學適用。舉例來說，蘋果會從樹上掉下來——這是大家都知道的重力現象。然而，如果僅止於知道「重力」這個事實，對從科學角度了解世界並沒有幫助，也不會有物理學的問世。經濟學也是一樣，我們從經驗上得知景氣蕭條、回溫的變動是反覆出現的循環。可是，我們不能僅止於確認事實存在，還要努力地去了解現象發生的原因為何，以及它背後有什麼樣的機制在運作——這就是學習經濟學的第二步。那麼，究竟有什麼方法可以幫助我們探究原因、解

開機制呢？

◇學習經濟模型

經濟學是一門由來已久的學問，發展歷史已有兩、三百年。在這段歷史長河中，出現過各式各樣的經濟現象，而人類也為了找出現象背後的原因而不斷地努力。分析原因的方法有以下兩種：第一是調查實際的數據資料，例如去看景氣和失業之間有何關係，而這種相關性是否各國皆然，而非僅止於日本；又或者是去看市場上的資金（貨幣）量與物價之間有何關係，而這種相關性是否放諸任何期間長度皆準。接著我們就要取得這些數據，繪圖製表，並加以分析。如此一來，我們對經濟現象的理解就能再稍微向前推進。例如我們在許多國家都看到景氣與失業數字有背道而馳的趨勢；又或是當我們截取一定程度的長期趨勢，就可以觀察到在社會上流通的貨幣量與物價走向相同。生產與就業、物價與貨幣量等，這些我們想說明的經濟量，就是所謂的「經濟變數」。而透過實際數據的查考，自然就能釐清不同經濟變數之間的相互關係。

幫助我們更深入了解經濟現象背後原因的第二個方法，就是運用經濟模型（經濟理論）來思考。「運用經濟模型」是什麼意思呢？每一項經濟活動都有許多人參與其中。這裡我們就以早上出海捕魚來銷售的漁民為例，一起動腦想一想：有些漁民成立公司，聘請好幾位員工，分乘多艘漁船去捕魚；也有些漁民是單打獨鬥、勉力營生的微型企業。在市場選購的民眾，有些就是為了買到當地捕撈的新鮮漁獲，專程不遠千里而來；也有些則是偶然路過，心想如果剛

好看到便宜又好吃的海鮮，順道買一點也無妨。

　　實質經濟的運作就像這樣，光是只考慮捕魚賣魚，就匯集了各種各樣的的賣方和買方，在市場上進行交易。那麼，這些交易要在什麼樣的價格下才會成立呢？假設今天海象不佳，漁獲量少，那麼市場上的鮮魚價格會上漲，還是會下跌？思考這個問題時，我們不會鉅細靡遺地去調查誰在惡劣天候下出海，誰又在港避風。考慮鮮魚價格時，魚是誰捕的並不重要，天候惡劣導致漁獲量減少才是關鍵。經濟模型的功能，就是將現實世界做一定程度的抽象化思考。「建構經濟模型」就是要將實際經濟體系中複雜多樣的特徵，用盡可能簡單的方式來呈現。只要想到自己的漁獲可以賣個好價錢，賣魚的漁民就會更努力撈捕；當魚價上漲時，原本會買魚的那些顧客可能就會暫不吃魚，改以蔬果替代，或改吃魚罐頭解饞。市場上銷售的漁獲量（供給量）和魚的購買量（需求量），都會因魚的售價（價格）而變動。我們可以像這樣，利用需求、供給和價格這三個經濟變數，建構出一個用來探討魚市市況的經濟模型。所謂的經濟模型，其實就是一種將複雜現實簡化思考的智慧結晶。

　　運用這樣的經濟模型，能幫助我們探討區域或國家經濟的整體狀況。實際經濟運作太過龐雜，若不借重經濟模型的力量，根本無從解析。而在這些經濟模型當中，最有用的就是市場模型。從交易個別產品的市場，到買賣整體經濟產物的總體市場，到以國家為單位所參與的國際市場等，各種層級的經濟問題，在經濟學當中都是運用市場模型來進行分析。

◇預測與政策

　　學習經濟學的第三步，就是預測和政策。我們透過數據，確認「景氣惡化」這個經濟現象發生，再思考它出現的原因與機制。然而，經濟學的功能並不僅止於此，甚至該說從這裡開始，才是它發揮真本領的時候。學習經濟學的目的，是要懂得思考如何讓我們的生活過得更富裕、充實，所以就需要具備政策面的思維。舉例來說，假如我們要設法讓民眾用更便宜的價格買到鮮魚，由政府出面補助漁業，是不是個好方法？補助對漁民而言，當然是求之不得，想必他們應該會樂觀其成；而有便宜的鮮魚，對負責家庭採買的主婦來說，當然是多多益善，所以她們也會贊成。

　　可是，該如何籌措補助的財源呢？若降低環保車的減稅補助，改將財源挹注在漁業補助上，汽車業界可能會反彈，有意購買環保車的民眾恐怕也不樂見。如果政府透過加稅來籌措財源呢？平常不怎麼吃魚的民眾可能會反對。就像這樣，要想出一套面面俱到的理想政策，絕非易事。一項政策的通過，會對某些族群有利，卻也會對其他族群造成負面影響，也就是會製造出「有人受益，就有人吃虧」、「顧此失彼」（這就是所謂的「取捨」）的關係。真正能讓全民受益、大家滿意的政策，其實並不多。然而，如果不去破解這個難題，就失去學習經濟學的意義了。這裡我們要特別留意以下兩個重點：

　　第一是要正確地理解問題發生的原因和機制；第二是要盡可能客觀地釐清政策施行後，對各個族群會造成哪些不同的影響。

　　如果對第一個重點，也就是對原因和機制的理解有誤時，政策當然就會窒礙難行。這裡我們舉個例子：假設目前計程車的費率偏

低，政府有意微幅調漲，以維護計程車駕駛人的生計。究竟該怎麼做才對呢？如果計程車費率偏低，是因為計程車數量激增所致，那就應該加強管制，為計程車業界的競爭過熱降溫。反之，如果原因出在乘車意願降低，政府的政策方向，或許就會選擇減少自用轎車購車補助，或降低稅金在大眾交通運輸上的投入。原因不同，選用的政策工具也不同。這就像是明明病人肚子痛的原因是盲腸炎，醫生卻誤以為是感冒，而開給病人感冒藥一樣，即使吃了藥也不會有效。

　　另一個重點，是要客觀地釐清政策的影響層面。了解一項政策會對我們自己、或對我們所屬的企業帶來什麼影響，固然重要，但也不能只顧自掃門前雪，而是要更廣泛地思考各種會受影響的面向，包括其他企業、地區、失業人口，甚至是外國人等等。此外，分析時的關鍵在於客觀，不能摻雜「我想這樣做」、「我希望是如此」等個人或自家企業的期望。還要在客觀分析後，將「究竟要選用哪一套政策」這件事，交由全體國民做出民主的決定。學習經濟學的意義，是為了要研擬政策，讓社會變得更好。社會上的每一個人，都必須懂得如何評估、判斷政府所提出的政策適當與否。而為成年人提供基礎素養，好讓大家可以進行這些評估、判斷，就是經濟學的功能。

專欄 序-1

如何看懂經濟數據

經濟學當中會出現很多專業術語，例如本書也會說明的市場、需求、供給、價格、分工、財貨與勞務、GDP、貨幣、利率、消費、投資、政府支出、貿易、匯率等。它們都是基本的經濟學用語，每天在報紙或電視新聞上經常都可以看得到。而各位未來不僅會看到日本的資料，也會有越來越多接觸國外數據的機會。平時多熟悉這些數據資料，對各位應該會很有幫助。進入以下這些官方機構的網站，就可輕鬆取得經濟數據。

日本內閣府 http://www.esri.cao.go.jp [1]
日本財務省 https://www.mof.go.jp/
日本總務省統計局 https://www.stat.go.jp/
日本經濟產業省 https://www.meti.go.jp/
日本國土交通省 https://www.mlit.go.jp/
日本厚生勞動省 https://www.mhlw.go.jp
日本銀行 https://www.boj.or.jp/
世界貿易組織 https://www.wto.org/
經濟合作暨發展組織 https://www.oecd.org/
國際貨幣基金 https://www.imf.org

以上各個官方網站當中，都有數據資料概念和使用方法的解說。此外，鈴木正俊的《看懂經濟數據》（新版，岩波新書，2006 年），難度或許較本書略高，但可透過數據，學到日本經濟的特色，是一本值得閱讀的參考文獻。

---

1 譯註：本網站已改版，目前是 https://www.esri.cao.go.jp。

3. 經濟學的思維

　　經濟現象乍看錯綜複雜，難以捉摸。不過，只要我們學會那些在現象背後作用的原理，並從這些原理的觀點出發，來思考日常生活中的事件或大眾的行為，很多時候就能把事物看得非常透徹。那麼，在經濟學上究竟有什麼共通的重要原理或思維模式呢？一是從「人類的理性選擇行為」觀點來剖析，再者就是從「世間萬事的相互依存關係」來觀照。接下來，就讓我們來探討這兩項原理。

◇理性的選擇行為

　　人的一舉一動都是選擇行為——這句話聽起來似乎很理所當然。某位同學學習經濟學，是因為他選修了經濟學，而非心理學或哲學的結果（或許有人是因為經濟學必修，無可奈何之下才選。但這也是因為當年選擇進入經濟系的結果）。「選擇」這個行為，具有以下這兩層涵義：第一是當事人從其他許多可供挑選的選項當中做出選擇，就代表了這個人所做的評價。例如有人買了兩個麵包和五個橘子，是因為這樣的組合，會比「不買橘子但多買一個麵包」更令人滿足（在經濟學當中稱為「效用」）；某家汽車大廠以每一輛售價 150 萬日圓的價格銷售新車，想必是因為這個價格所帶來的利潤，會比用 180 萬來賣更豐厚——這就是所謂的「理性行為」。說不定這個人其實只是因為心血來潮而買了麵包和橘子，汽車大廠也可能是因為被其他公司搶先一步推出新產品，一氣之下才會咬牙降價。不過，在經濟學上，我們會假設不論是家庭或廠商，在行動時，都是以滿足或利潤為優先考量。從這樣的前提出發來思考，更

容易觀察選擇行為的運作。選擇行為的另一層涵義在於稀少性。我們會做選擇，是因為無法面面俱到、盡善盡美。或許的確有人事事滿足、不虞匱乏，不過，世上沒有人可以揮金如土、花用不盡。又如在非洲或中亞地區，水、電資源相當稀少；而先進國家即使現在用水、電的價格便宜，但它們終有一天會成為稀缺資源。還有，不論窮人或富人、年輕人或年長者，每個人所享有的自由時間，都同樣受到一年三百六十五天、一天二十四小時的限制。

在整理複雜的經濟問題之際，運用「從稀少性之中做出理性選擇」的觀點來探討，是一個很有效的方法。然而，只要每個人都能理性行動，社會就能常保合理狀態嗎？這個說法令人存疑。舉例來說，假設有個漁民想多賺一點錢，便捕了很多魚，拿到市場上來賣。他的企圖相當理性，但假如其他漁民也提高漁獲量，在店頭一字排開，就會造成店頭陳列出大量滯銷鮮魚，造成價格明顯下跌，根本無從奢望大賺一筆。個人的理性行為，和社會上呈現的結果合理與否，其實是有落差的。這是因為社會是由許多個人組成所致。

◇交互作用

漁民 A、B，和其他許多同業為求賺錢而採取了理性的行動，卻帶來了「無利可圖」這個非自願的結果。這種矛盾在經濟實務上很常出現。仔細想想，如果事事都能一如預期、如願以償，世上就不會有那麼多令人煩心的事，說不定根本就不需要經濟學了。然而，這世界畢竟沒那麼簡單，「人生不如意事十之八九」才是常情。為什麼呢？因為世間萬事都會相互依存，交互影響。A 的行為會對 B

造成影響，而 B 的行為繞一大圈之後，又會回頭影響到 A。經濟學要探討的，就是這些相互依存關係所交織而成的各種現象。而在分析這些現象之際，有一個非常方便好用的概念，就是「市場」概念，也就是所謂的「市場分析」。

　　一個人無法構成市場，要集結各種不同條件背景的人，市場方能成立。我們以大學即將畢業，正在求職的準新鮮人為例，來想想這個問題。這些準新鮮人，賣的是他們的工作能力（勞務）。有人能力超群，當然也有人凡庸；有人堅毅過人，也有人見異思遷，不適合孜孜矻矻、鐵杵磨針的工作。有意招募社會新鮮人的企業更是形形色色，開出的徵人需求五花八門：有的想找能在組織團隊裡當螺絲釘、努力付出的人，有的想用精通電腦、資訊處理能力高強的人等等。在經濟學上，會把這些個人與企業匯總起來，當作一個「就業市場」的概念，進而思考勞動需求（企業徵才）與供給（社會新鮮人求職）的狀況，以及要用多少價碼（薪資）供需才能成立。

　　由於這些求職的同學們想法各不相同，心中所認定的理性行為或許也不盡相同。但是，我們會從經濟學的角度，去思考他們有何共通特質，於是「勞動供給」的概念，便在總體經濟的框架下應運而生；同樣的，需求端的企業也各不相同，於是在總體經濟的框架下，就會出現「勞動需求」的概念，用來呈現這些企業共通的特質。接著，我們會再運用這兩個概念來思考，例如「薪資會落在什麼水準」等。而在這個薪資水準的背後，還有個別學生或企業的各種行為（我們稱之為「微觀行為」），例如薪資到什麼水準願意多為工作付出，或薪資到哪個層級願意增聘人力等。

　　例如企業在薪資降至某個水準時，願意聘僱更多員工，但這個

薪資水準實在太低，所以找不到人手，說不定根本滿足不了求職者
的期待。這時薪資水準應該就會上揚，但有些企業則會因為薪資上
漲而被迫放棄徵才；反之，原本打算畢業後先悠閒一段時間的準新
鮮人，可能會因為薪資水準提升而認真求職。個別企業和求職者固
然都有各自不同的想法，但在經濟學當中，會以社會整體的一般趨
勢，來思考勞動僱用量、失業和薪資水準。一門學問要持續發展，
就必須像這樣，把個別事物做一定程度的抽象化思考。經濟學的意
義，就在於它能從個別人、事、物的細節當中抽離出來，以企業、
產業，乃至於地區或國家整體的角度來思考。

◇市場機能與國家的經濟功能

市場是協調廠商和家庭（在經濟學上稱之為「家計單位」）等
各種經濟主體行為的場域，而它的運作就稱為「市場機能」（market
mechanism）。本書出版的目的之一，就是要幫助各位學習認識市
場。所謂的市場，並不是經濟學擅自發明的創意，而是人類社會自
古以來，在發展經濟生活的過程中，所創造出來的一種經濟機制。
而在現代社會當中，市場機能早已深入經濟活動裡的各種層面。認
識何謂市場，明白它如何運作，以及了解它有哪些優勢特質，都很
重要。

不過，我們同時也要知道：市場並非萬能。很多領域不適合交
給市場運作交易、協調供需，還有很多財貨和勞務的交易無法在市
場上妥善運作。這裡我們就以貧富差距為例，來想一想這個問題。
市場是競爭的場域，有贏家和輸家。贏家可獲得龐大的利潤與所得，

而輸家要面對的是破產或失業等苦難。市場競爭的確有它值得推崇的一面，它可以推動技術發展或創新，讓更優質的產品變得更平價。然而它的背後，必定伴隨著「差距」的出現。這種差距最典型的例子，就是失業。

　　放眼全球，日本屬於低失業率的國家。北美或歐洲等地的失業率多逼近 10％，有時甚至衝破 10％ 大關也不稀奇；相對的，早期日本的失業率長期都維持在 3％ 以下，就業環境相當理想。直到一九九〇年代中期，日本的失業率才突破 3％。日本經濟自九〇年代初期開始陷入長期停滯，此後失業率便一路攀升。如今失業率 5％、失業人口逾 300 萬，已成常態。

　　日本每年都有五十萬大學畢業生初出社會。近年來，這些社會新鮮人求職的預定錄取率也處於偏低水準，每年有數萬、甚至十萬新鮮人找不到工作。有些人因為就業市場冷清而早早決定放棄，還有許多人無法如願進入心目中的理想職場，所以想必就業市場實際狀況遠比想像更糟。有心求職卻處處碰壁，或無法找到能發揮所長的理想工作……諸如此類的懷才不遇，不僅是當事人飽受煎熬，更是整個社會的一大損失。遺憾的是，這些就業、失業的問題，並不是交給市場機制就能迎刃而解，必須仰賴中央和地方政府的積極介入、支持。市場有何缺陷？政府應發揮什麼樣的功能，才能導正、修補市場的缺陷？這些都是經濟學當中的重要主題，重要性和「學習市場機制」不相上下。

專欄 序-2

偉大的經濟學者

十八世紀的亞當‧斯密、十九世紀的卡爾‧馬克思（Karl Marx），以及二十世紀的約翰‧梅納德‧凱因斯（John Maynard Keynes），都是全球公認的經濟學大師，更是在政治、經濟、文化等各領域持續發揮影響力的偉大人物。

亞當‧斯密（1723-1790）是英國的經濟學家，他的主要著作《國富論》（1776 年），正確名稱其實是〈國民財富的性質和原因的研究〉。他在書中揭示勞動是國家財富的來源，而要提升勞動生產力，就要靠分工。在《國富論》的開頭，有一段這樣的描述：

「分工是提升勞動生產力的主因。勞動生產力最重大的進步，以及人們在各方面發揮、應用勞動生產力時，所展現的大部份技巧、熟練度與判斷力，似乎都是分工的結果。」出自《國富論》（日本岩波文庫出版，大 兵衛、松川七郎譯，第一篇第一章開頭）。

內容有些深奧，但其實就是在說人類生產力的發展，都是拜分工之賜。

卡爾‧馬克思（1818-1883）生於德國，在英國發跡。他不僅是一位經濟學家，更是偉大的革命家。他的主要著作《資本論》（1867 年），對資本主義經濟當中的商品經濟機制做了批判性的分析，並呈現資本制由來已久的問題。他在《資本論》的序文開頭，就用以下這段文字，向讀者陳述做學問該有的心態，在日後廣為流傳。

「在科學上沒有平坦的大道，只有不畏勞苦艱險沿著陡峭山路攀登的人，才有希望達到光輝的頂點。」《資本論》法文版序文和後記。

凱因斯（1883-1946）是以英國劍橋大學為主要據點，蜚聲於世的經濟學家。他開創出經濟學研究的新方向，後人稱之為「凱因斯革命」。一九三〇年代，正值全球經濟大恐慌之際，凱因斯大膽批判當時的經濟學，並以有效需求的重要性為主軸，催生出了新的經濟學

派。他在解釋投資需求時，用了以下這一段描述：

「大多時候，我們願意為那些需要等待多時才有結果的事作出正面決定，是因為『動物本能』（Animal Spirits）發揮作用，做出自發性的行為衝動，而不是量化利益乘以量化機率的加權平均結果。」出自凱因斯著作《就業、利率、貨幣的一般理論》（日本岩波書店出版，間宮陽介譯 P.223-224）。

這些經典作品，只要仔細研讀就能看得懂，內容也很耐人尋味。他們所提出的見解帶給後世很多啟發，歷久彌新，所以迄今仍風行於世。

4. 結語

　　學習經濟學有一項很重要的任務，那就是要懷抱「為什麼？」的眼光，重新審視日常生活中那些習以為常、司空見慣的事。舉例來說，我們每天都能在便利商店或超市採買食材、選購服飾，理所當然。為什麼這些行為可以成立？又或者像是日本民眾使用日圓，到了國外就要用美金、歐元等貨幣。有錢固然大家都會很開心，但這些錢究竟是誰發行的？從哪裡流通到市面上？怎麼流通？該怎麼做才能讓更多錢在市面上流通？懂得抱持懷疑，是很重要的學習態度；學會這些知識後，又萌生新的質疑——這樣的心態也值得珍惜。期盼各位在接下來閱讀本書的過程中，能好好重視自己心中的每一個疑問。

❓動動腦

1. 翻開今天的報紙，試著列出當中報導了哪些經濟新聞。

2. 試著從這些新聞報導當中挑出三個經濟學的專業術語，再上專欄 1 所介紹的網站蒐集數據資料，並用 Excel 做成圖表。

3. 前面舉了漁民的行為和獲利的例子，說明當有人在某個目的下行動時，若其他人也採取同樣的行動，就得不到預期的結果。請再想想還有沒有其他的例子？

參考文獻

《經濟學原理》（Principles of Economics），葛雷葛利・麥基（N. Gregory Mankiw）著，足立英之、石川城太、小川英治、地主敏樹、中馬宏之、柳川隆譯，東洋經濟新報社，2008 年，第 1 章、第 2 章。

《史迪格里茲的經濟學入門》（Introductory Economics），約瑟夫・尤金・史迪格里茲（Joseph E. Stiglitz）著，藪下史郎、秋山太郎、蟻川靖浩、大阿久博、木立力、清野一治、宮田亮譯，東洋經濟新報社，2005 年，第 1 章、第 2 章。

進階閱讀

《看懂經濟數據》（新版），鈴木正俊著，岩波新書，2006 年。
《日本的經濟——歷史、現況、論點》，伊藤修著，中公新書，2007 年。

第 I 部

基礎個體經濟學

第 1 章

分工的效益

序章
第1章
第2章
第3章
第4章
第5章
第6章
第7章
第8章
第9章
第10章
第11章
第12章
第13章
第14章

1. 前言

在日常生活當中，我們隨時都在消費各種物資，使用各項服務。這些物品或服務，絕大多數都不是我們自己親手生產，而是由他人代勞，很多時候甚至是出自遙遠地區或國家的民眾之手。換言之，我們透過各種方法，彼此交換各自生產的物品，以滿足你我的個人生活所需。而讓我們能彼此互通有無的，就是第二章要探討的「市場」這個機制。參與市場的每個人，也就是世界上大部分的人，不論是有意或是無心，其實都在生產其他人需要的物品或服務。換句話說，整個社會所需要的物品或服務，都是由社會上的人分工生產而來，我們稱之為「社會分工」（social division of labor）。

分工有兩種層面。一種是單純因為工作量過大，個人無力負擔，所以改由多人分攤，各自承擔其中的一小部分。另一種則是每個人做自己擅長的事，以提升整體的成效。後者這種層面的物資或服務的交換，是提升你我物質富裕的基礎。

這樣的分工效益乍看似乎一目瞭然，可是，這種分工的前提──「只要做自己擅長的事就好」的真正意涵，理解的人並不多。因此，在本章當中，我們要從幾個簡單的例子切入，探討分工或交換能創造出效益的前提──「專心做自己擅長的事」在經濟學上的意義。

2. 分工的效益：麵包店的那對夫婦

　　某天下午，我走進了一家麵包店，店裡只有一位女士在看顧。她說這家店是由他們夫妻兩人共同經營，而老闆的工作已經結束，只剩老闆娘在看店。聽說這位老闆娘本來也是麵包師傅，現在則由老闆專心製作麵包，完成之後就等於結束自己一天的工作；老闆娘則是在看店的同時，利用空檔整理會計帳務或訂購原料等。我一問之下才知道，其實不只是製作麵包，就連行政作業也是老闆比較拿手。不過目前他們的分工模式，還是由老闆娘負責看店和行政，老闆負責製作麵包。這個分工，是他們兩人長期生活在一起的智慧結晶，但它真的是最理想的方案嗎？

　　因此，我們就把看店和那些同時進行的工作稱為「行政作業」，將麵包店的工作簡化如下，再一起想一想：假設以一小時為單位來製作麵包，老闆一個人可製作出 90 個，老闆娘則可製作 30 個。再假設行政作業的工作量，可用製作出來的文件張數等單位來計算，而花一小時處理行政作業，則老闆可消化 6 單位的工作，老闆娘則可消化 3 單位，且每天不論麵包產量多寡，都有 24 單位的行政作業。夫婦兩人每天都各會工作八個小時。

◇絕對利益和絕對劣勢

我們將老闆和老闆娘一小時可處理的工作量匯整如下表後，就可看出：老闆不論在製作麵包或處理行政作業方面，都比老闆娘拿手。在經濟學上，我們會用人在某一段時間內能處理的工作量，來判斷他是否擅長這項工作，並把它稱為「絕對利益」（absolute advantage）或「絕對劣勢」。這裡會用「絕對」這個詞，是為了要強調它只評估該項工作的量，而不與其他工作比較，也就是不去考慮相對的問題。在這個案例當中，老闆用同樣的時間，可製作出的麵包數量比老闆娘多，因此在麵包製作上，老闆具有絕對利益；老闆在行政作業方面，也能以同樣時間處理較多工作，因此我們可以說他在行政作業方面有絕對利益。反之，老闆娘不論在麵包製作或行政作業上，都是處於絕對劣勢。

【表1-1　一小時內能處理的工作量】

	麵包產量	行政作業處理量
老　闆	90 個	6 單位
老闆娘	60 個	3 單位

◇平均分攤時

這裡我們再來想一想：如果讓這兩個人各負責處理一半的行政作業，情況會如何呢？連同麵包產量在內，我們將工作量匯總如下表：

【表 1-2 平均分攤行政作業時】

	麵包產量	行政作業處理量
老　闆	540 個（90 個 ×6 小時）	12 單位（6 單位 ×2 小時）
老闆娘	120 個（30 個 ×4 小時）	12 單位（3 單位 ×4 小時）
合　計	660 個	24 單位

　　老闆一小時可處理 6 單位的行政作業，所以處理 12 單位的行政作業要花兩小時，還可再用剩下的六小時製作 540 個麵包；相對的，老闆娘需要花四小時才能處理完行政作業，剩下的四小時則可用來製作 120 個麵包。也就是說，這家麵包店在妥善處理行政作業的同時，一天還可生產 660 個麵包。

◇麵包店的生活智慧

　　然而，實際上這家麵包店並沒有採取這種「平均」的分工方式——雖然老闆既擅於製作麵包，又精通行政作業，卻只負責製作麵包；老闆娘不論是在製作麵包或行政作業方面，都沒有老闆那麼駕輕就熟，卻包辦了行政作業。如此一來，這家店的麵包產量會出現什麼樣的變化呢？我們把數字匯總如下：

【表 1-3 老闆製作麵包，老闆娘負責行政作業時】

	麵包產量	行政作業處理量
老　闆	720 個（90 個 ×8 小時）	0 單位（6 單位 ×0 小時）
老闆娘	0 個（30 個 ×0 小時）	24 單位（3 單位 ×8 小時）
合　計	720 個	24 單位

在表 1-2 和表 1-3 當中,這對夫婦處理的行政作業量相同,但整家店的麵包總產量卻大相逕庭。就「製作大量麵包」的觀點而言,麵包店的智慧簡直就是一個絕妙好點子。這家店的分工,其實就是最理想的方式。想知道為什麼可以這樣斷定,必須先了解「成本」——更準確地說,應該是要先了解「機會成本」這個經濟學上的重要概念。

◇機會成本

為什麼我們需要具備經濟學的概念?原因之一在於稀少性(scarcity)。意思是說,你我營求經濟生活所需的物資和服務有限,想得到某些東西,就必須放棄另一些。因此在經濟學上,很多時候會去思考為了得到一樣東西,究竟要放棄什麼、放棄多少,換言之就是聚焦在那些失去的物資或服務上。以剛才的麵包店為例,老闆和老闆娘不可能日以繼夜地工作,所以能投注在「勞動」這項服務上的時間——也就是工時是稀少的。因此,若工時用來處理行政作業,就必須放棄生產麵包。

如表 1-1 所示,這家麵包店的老闆工作一小時,可以做 6 單位的行政作業,或生產 90 個麵包,兩者必須擇一。選擇處理行政作業,就等於是為了處理 6 單位的工作,而犧牲了 90 個麵包。換言之,老闆為了處理 1 單位的行政作業,必須放棄生產 15 個麵包;每處理 1 單位的行政作業,就是在放棄製作 15 個麵包的機會。在經濟學上,我們會說「對這位老闆而言,1 單位行政作業的『機會成本』,就是 15 個麵包」。同理可知,老闆娘為了處理 1 單位的

行政作業，必須放棄生產 10 個麵包。我們也可以這樣說：對老闆娘而言，1 單位行政作業的「機會成本」，就是 10 個麵包。

◇比較利益與分工帶來的效益

老闆只要接下 1 單位的行政作業，就必須放棄 15 個麵包；相對的，老闆娘接下 1 單位的行政作業時，只要放棄 10 個麵包就好。由此可知，如果想盡可能多製作一些麵包，最好讓老闆娘多承擔一些行政作業，以便讓老闆專心製作麵包。

這個案例還可用以下這樣的方式來描述：行政作業 1 單位的機會成本，對老闆而言是 15 個麵包，對老闆娘來說則是 10 個麵包——換言之，老闆承擔行政作業所帶來的（機會）成本比較高。而成本較高的選擇，當然是能免則免；反過來說，最好由成本較低的人來負責處理該項業務。因此，就整家店而言，由老闆娘負責處理行政作業，老闆負責製作麵包，才會創造出最大的績效。也就是說，在進行分工時，最好由機會成本最低的人負責處理該項業務。

這裡我要請各位再回想一下：老闆不論是在行政作業或麵包製作上，都比老闆娘更得心應手。換句話說，老闆在這兩項工作上，都具有絕對利益，而老闆娘則處於絕對劣勢。然而，只要遵循適當的原則，分工就能為這對夫婦帶來效益。而這項原則，就是接下來要說明的「比較利益原則」（the principle of comparative advantage）。

如果我們只關注絕對利益和絕對劣勢，就會忽略分工可帶來的效益。分工時的關鍵，不在於個人對每一項工作的擅長與否，而是

要判斷相較於其他工作，這個人對指定工作項目的擅長程度有多少。先就多項工作，比較擅長的程度高低，再看個人相對於其他人的利益——這在經濟學上就稱為「比較利益」。而用來判斷是否具比較利益的量尺，就是機會成本。換言之，我們可以這樣想：機會成本越小的工作，當事人就具有比較利益。以剛才的麵包店為例，老闆在製作麵包上具有比較利益，老闆娘則是在行政作業上具有比較利益。只要每個人都負責處理自己具有比較利益的工作，分工就能為廠商、組織帶來更高的績效。而這樣的分工方法，我們稱之為「比較利益原則」。

在麵包店的案例當中，有兩個人力、兩項業務，一人對其中一項業務具比較利益，另一人則對另一項業務具比較利益。也就是說，每個人都會對某項工作具有比較利益；反之，每個人也都一定會在某些工作上處於「比較劣勢」。這個概念不僅適用於只有兩個人力、兩項業務的狀態——不論人數再多，業務再多，都不可能讓某一個人在所有業務上具有比較利益；也不會有任何一個人在所有業務上都處於比較劣勢。換句話說，社會上的每一個人，都能依照「比較利益原則」來參與分工，並藉此貢獻社會。

專欄 1-1

不可能一個人佔盡所有領域的比較利益

　　想讓分工創造效益，就要讓每個人都具有某些比較利益。反之，如果一個人佔盡了所有領域的比較利益，那可就糟糕了。

　　若將麵包店老闆和老闆娘的機會成本整理列表，就會如下所示。誠如各位所見，老闆和老闆娘處理行政作業的機會成本，和製作麵包的機會成本互為倒數。換言之，將其中一個人的兩個機會成本相乘後，就會等於一。這表示當其中一方的機會成本越高，另一方的機會成本就會相對降低。因此，只要老闆處理行政作業的機會成本比老闆娘高，老闆娘製作麵包的機會成本就會比老闆高。「兩項工作的機會成本互為倒數」這個特質，不論人數、工作再多都會成立，所以不可能一個人佔盡所有領域的比較利益。

	處理 1 單位行政作業的機會成本（必須放棄多少）麵包量	製作 1 公斤麵包的機會成本（必須放棄多少）行政作業量
老　闆	15	1/15
老闆娘	10	1/10

3. 社會分工與交換所帶來的效益

◇比較利益原則與專業化利得

接下來，我們要用兩個家庭所構成的簡單經濟環境，來探討一些問題。在經濟學上，我們將一群共用收入、支出且一起生活的人，稱為家計單位（Household）。因此，為求方便易懂，我們就把這兩個家庭的其中之一稱為家計單位 A，另一個則稱為家計單位 B。這兩個家計單位都會製作麵包和蕎麥麵。家計單位 A 花一小時生產，可製作出 10 個麵包或五公斤的蕎麥麵；家計單位 B 花一小時能製作出五個麵包或一公斤的蕎麥麵。兩者每天都需要食用 20 個麵包和 5 公斤的蕎麥麵。

如果這兩個家計單位各自營生，不做任何交換，則家計單位 A 要花兩小時製作麵包，花一小時製麵；家計單位 B 要花四小時製作麵包，花五小時製麵。相對於家計單位 B，家計單位 A 不論是在麵包或蕎麥麵的製作上，都具有絕對利益。反過來說，相對於家計單位 A，家計單位 B 不論是在麵包或蕎麥麵的製作上，都處於絕對劣勢。因此，家計單位 A 花在生產上的時間——也就是工時為三小時，而家計單位 B 則是九小時。

各位應該懂得如何運用比較利益原則，為這兩個家計單位導向更理想的狀態——也就是說，這兩個家計單位的工時都還有縮短的空間。我們先來想想蕎麥麵一公斤的機會成本是多少？在家計單位 A 是兩個麵包，而在家計單位 B 則是五個麵包。我們將這些數字整理過後，列出了下面這張表 1 - 4。家計單位 A 在蕎麥麵製作上的機會成本較低，也就是說家計單位 A 在蕎麥麵製作上具有比較利益；

反之，家計單位 B 則是在麵包製作上具有比較利益。於是各位就會建議家計單位 A 專心製作蕎麥麵，B 則全力製作麵包。像這樣由某人、某個家計單位或某個廠商負責生產某項特定的物品或服務，就稱為專業化生產。換句話說，家計單位 A 專業化生產蕎麥麵，B 專業化生產麵包，最符合比較利益原則。

【表 1-4　家計單位 A 與家計單位 B 的機會成本】

	平均每小時麵包產量	平均每小時蕎麥麵產量	蕎麥麵每公斤機會成本（麵包 ÷ 蕎麥麵）
家計單位 A	10 個	5 公斤	2 個
家計單位 B	5 個	1 公斤	5 個

　　這樣專業化生產之下的結果，是家計單位 A 花兩小時生產 10 公斤蕎麥麵，B 則花八小時生產 40 個麵包；而家計單位 A 再拿出 5 公斤的蕎麥麵，和 B 交換 20 個麵包。如此一來，兩個家計單位都能各減少一小時的工時——我們可以把它視為分工的效益，或說是專業化生產的效益。其實在前面麵包店的那個例子當中，也因為老闆專業化生產麵包，老闆娘專責處理行政作業，而獲得了一些效益。我們也可以這樣說：依比較利益原則進行專業化生產，並經過交換之後，才產生了分工的效益。

◇與外國交易：國際貿易

前面我們為了簡化內容，所以選擇用家計單位來作為討論案例。事實上，絕大多數的生產活動都是由廠商進行，各家廠商分別就各式各樣的商品進行專業化生產，再透過彼此交換，讓社會上每天的經濟活動得以成立。像這種不是在家計單位會廠商內部，而以整個社會為單位所進行的分工模式，就稱為社會分工（social division of labor）。如前所述，社會分工所涵括的範圍相當廣泛，正因如此，我們才能消費多不勝數的各項商品，享受琳瑯滿目的各種服務。在全球化程度日益升高的今時今日，社會分工的發展已跨越國界。而與外國的交易，也就是所謂「國際貿易」所扮演的角色，也變得相當吃重。你我都在近乎無意的狀態下進行國際分工，就這個層面來說，我們和許多人都有著相互依存的關係。儘管新聞報導中不時會提到國際貿易的負面問題，包括不公平的貿易，和因此所衍生的貧富差距等面向，不過，國際分工的確讓很多人從中獲益，這一點也是無庸置疑的事實。

這裡舉一個和國際貿易有關的例子：日本的糧食自給率偏低，是各界不時討論的話題之一。探討這個問題時，我們常聽到「外國的低價糧食大量進入日本市場」之類的說法。各位若能對分工效益有正確的理解，應該就知道這種說詞的確說中了問題的一個面向，卻也只看到問題的其中一個面向。

假設現在有 J 和 K 這兩個國家，人口和面積完全相同。這兩個國家只需要汽車和糧食。J 國製造一輛車的機會成本是一公噸糧食，而 K 國則是 10 公噸。如各位所知，J 國在汽車製造上具有比較利益，而 K 國則是在糧食生產上具有比較利益。如果各位是這兩國的經濟

專欄 1-2

比較利益（比較劣勢）會變動！

　　在正文當中沒有提到，其實比較利益和比較劣勢並非永遠不變。只要以「教育」為例來思考，各位應該就能馬上明白這個概念。例如一個原本從事其他工作的人，選擇到電腦資訊類的專門學校進修後，成功轉行當上系統工程師，我們就可以說這個人在電腦資訊的工作上具有比較利益。你我都可以透過教育、訓練等方式，在自己喜歡的領域成為具有比較利益的人。

　　個人的比較利益會變化，而國家的比較利益也會大幅變動。想知道一個國家在哪些方面具有比較利益，不妨查一查該國的進出口狀況。下表是日本在一九六〇年和二〇〇五年的出口品項匯總：

	1960 年	2005 年
農糧食品	6.6%	0.5%
紡織品	30.2%	1.5%
機器設備	25.3%	71.4%
（電子產品）	（6.8%）	（23.5%）
（一般機器）	（5.5%）	（20.6%）
（汽車）	（2.6%）	（15.1%）

　　如上表所示，一九六〇年代的日本，在紡織品方面佔有較大的比較利益，而如今當年的風光已不復見。取而代之的是儀器設備類崛起，也就是電子產品、一般機器和汽車等具有比較利益。國家和個人一樣，都可自行選擇想投入的領域，並透過教育、訓練，來讓它成為自己的強項。至於未來日本究竟會在哪些領域具有比較利益，端看現在的我們如何抉擇。

顧問，應該會建議 J 國投入汽車的專業化生產，K 國投入糧食的專業化生產，再彼此貿易吧？

　　假設實際依這個建議執行後，J 國可用一輛國產汽車，換到 K 國生產的糧食五公噸。若不與 K 國貿易，則 J 國即使放棄製造一輛車，也只能生產出一噸的糧食。因此，能用一輛車換到五公噸的糧食，J 國人應該會覺得「K 國糧食真便宜」才對。然而，對 K 國人而言，情況也是一樣：在與 J 國貿易前，要放棄生產 10 公噸的糧食才能製造一輛車，貿易後只要用五公噸的糧食，就能換得一輛車，所以 K 國人應該會認為「J 國汽車真便宜」。換言之，當日本人因為外國的低價糧食而受惠時，外國人也因為日本的低價汽車和電器而受惠。

　　假設 J 國的一輛車能換到 K 國兩噸的糧食，兩國仍能透過貿易（交換）而獲益。仔細比較兩國的機會成本後，各位或許會認為 J 國人吃了虧，但對 J 國人而言，應該還是會覺得「K 國糧食真便宜」。

　　就像我們在前面看到的，分工的效益，能讓所有相關人士都獲益。這個概念，不僅在像麵包店這樣的組織或經濟單位當中適用，在家計單位與不同於家計單位的組織、經濟單位之間也適用，在國家與國家之間同樣適用。

4. 結語

在本章當中，我們學到分工（專業化生產）的效益和因交換所生的效益，是來自於比較利益，而不是因為絕對利益。而各位應該也已經了解，每個人都可能具備某些比較利益。換言之，只要遵循比較利益原則，社會上的每個成員都能為整個社會的經濟富裕做出貢獻。如果各位清楚知道哪些人在哪些領域具有比較優勢，應該就能將整個社會的經濟發展成效極大化。然而，實際上並沒有人如此全知全能。這是否代表我們即使了解比較利益原則，也無法運用呢？

這個問題的答案，藏在市場的運作之中——說不定住在地球另一端的人，其實很需要我們生產的物品，可是我們和這些人素未謀面，恐怕也無從得知他們對物品的需求量是多少。不過沒關係，這個社會的分工非常巧妙，各位只要想想自己每天所消費的物品是從何而來，如何生產，應該就不難明白。我們能享受到分工的效益，正是拜市場的運作所賜。這個部分，將是我們在下一章要學習的重點。

❓ 動動腦

1. 對你來說，「讀書的機會成本」是什麼？請想一想你在讀書時必須放棄什麼。

2. 請找出一個「某人（也可以是某家企業或某個組織）在多個領域具有絕對利益，但他還是與別人分工」的案例。

3. 假設你一小時能生產三公斤烏龍麵或四公斤蕎麥麵，又或者是 24 個麵包，請想一想該如何表示你在製作上述各項目時的機會成本。

參考文獻

《經濟學原理 I：個體經濟學》（第 3 版）（Principles of Microeconomics），葛雷葛利‧麥基著，足立英之、石川城太、小川英治、地主敏樹、中馬宏之、柳川隆譯，東洋經濟新報社，2013 年。

《史迪格里茲的個體經濟學》（Principles of Microeconomics），約瑟夫‧尤金‧史迪格里茲、卡爾‧瓦什（Carl E.Walsh）著，藪下史郎、秋山太郎、蟻川靖浩、大阿久博、木立力、清野一治、宮田亮譯，東洋經濟新報社，2013 年。

進階閱讀

《從基礎學會個體經濟學》（第 2 版），家森信善、小川光著，中央經濟社，2007 年。

《個體經濟學入門——解讀商業與政策》，柳川隆、町野和夫、吉野一郎著，有斐閣，2008 年。

第 2 章

需求與供給

序章
第 1 章
第 2 章
第 3 章
第 4 章
第 5 章
第 6 章
第 7 章
第 8 章
第 9 章
第 10 章
第 11 章
第 12 章
第 13 章
第 14 章

1. 前言

在購買像本書這樣的教科書、漢堡等「商品」，或是剪髮等「服務」時，我們會被稱為是「消費者」、「買方」或「需求者」；而工讀生或已出社會工作的人提供勞動力，或透過存放在銀行等金融機構裡的儲蓄來供應資金時，就會被稱為是「供給者」、「賣方」。而像是汽車製造商或建商等廠商，除了會採購、需求原料和勞動力之外，也會供給汽車或住宅等成品。同樣的消費者、廠商，會像這樣依情況不同而成為「賣方」，有時又是「買方」。

在第一章當中，我們以汽車和糧食為例，討論過分工的概念，並學到從比較利益的觀點來看，有些國家是供給汽車、採購（需求）糧食，還有一些國家反而是要供給糧食、採購（需求）汽車。那麼，消費者和廠商，也就是賣方和買方之間，該如何訂定出汽車、糧食和住宅等產品的需求量和供給量呢？在本章當中，我們要探討決定需求和供給的因素。此外，由於在第三章起會針對「市場」詳加描述，因此本章還會就兩個在思考「市場」運作時的重要分析工具——「需求曲線」和「供給曲線」進行前導說明。

學會從各種不同角度看事情的方法，也是學習經濟學的意義之一。氣候異常、原油價格飆漲……當情勢出現變化時，會對誰造成影響（賣方？買方？還是兩者皆然？）？或是對哪些人有正面影響？對哪些人有負面衝擊？對包括賣方、買方在內的所有相關人士而言，究竟是好是壞？為幫助各位學會評斷這些情勢變化所需的經濟學思維，接下來，我們就要來探討需求和供給的概念。

2. 分工的效益：麵包店的那對夫婦

　　首先，就讓我們從買方的消費行為開始看起。假設現在有兩位買方（姑且稱之為 A 和 B），正在評估一星期需要買多少個咖哩麵包才夠。A 和 B 該用哪些判斷依據來決定採購數量呢？

◇買方的行為

　　A 和 B 都是為了讓自己生活得更滿意、更幸福而購物。這兩位買方在決定要購買幾個咖哩麵包時，最重要的資訊就是價格。因此兩人在選購時，都會先確認咖哩麵包的價格。假設兩人都有這樣的誘因：若麵包價格比上星期貴，則心中的滿足程度就會下降，進而減少需求（購買）量；反之，若麵包價格比上星期便宜，心中的滿足程度就會提升，進而增加需求量。所以，若本週咖哩麵包的價格與上週相同，兩人採購的數量就會與上週相同；若價格較上週便宜，購買量就會增加；反之，若價格較上週上漲，購買量就會減少。

◇A與B的需求曲線

　　具體而言，A 和 B 對咖哩麵包的需求量和麵包價格之間的關係，如表 2-1 所示。

　　這裡我們把「因為需要咖哩麵包而打算選購」的這個行為，稱作是對咖哩麵包的「需求行為」。根據表 2-1 所呈現的關係，我們再以圖示呈現 A 和 B 各自的需求行為如圖 2-1。這張圖分別呈現了 A、B 這兩位買方的需求量與價格之間的關係，故稱為個別需求曲

線。個別需求曲線呈現的是在給定價格時，該價格與需求量之間的圖形。例如圖 2-1 當中呈階梯狀那個逐步向下的圖形，就是個別需求曲線。

【表 2-1　咖哩麵包的價格與需求量】

咖哩麵包的價格（1 個）	A 的需求量	B 的需求量	A 與 B 的需求量合計
100 日圓	4 個	5 個	9 個
200 日圓	3 個	4 個	7 個
300 日圓	2 個	3 個	5 個
400 日圓	1 個	2 個	3 個
500 日圓	0 個	1 個	1 個

【圖 2-1　個別需求曲線】

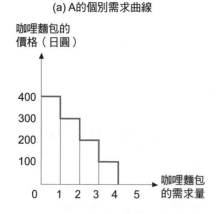
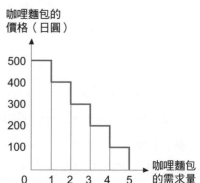

　　由於 A 和 B 在表 2-1 當中的數值不同，因此在圖 2-1 上，A、B 需求曲線的形狀也不會一樣。A、B 都會依各自的喜好（各自的狀況）來決定自己的需求量，所以即使面對同樣的價格，只要兩人的喜好不盡相同，個別需求曲線的形狀就會出現差異。

　　如果圖 2-1 的橫軸——咖哩麵包的需求量單位不是「個」，而是「公克」（g）的話，需求曲線就不會呈現階梯型，而是會以較平滑的曲線型態往右下降。此外，相較於橫軸長度來看，當每一個咖哩麵包需求量的線段越窄，所畫出來的圖形線條就越平滑。

◇市場需求曲線（需求曲線）

　　圖 2-1 是反映出 A、B 各自狀況的需求曲線。那麼，整個咖哩麵包市場——也就是匯總 A、B 需求曲線之後，所得到的整體需求曲線圖形，又會是什麼樣貌呢？

　　只要把 A 和 B 的需求量加總起來，就可以推算出整體的需求量多寡。用來呈現在給定價格時，咖哩麵包價格和市場整體需求量關係的圖，就是市場需求曲線。在某個價格之下，把 A 和 B 的需求量加總起來，就是市場整體的需求量。所以描繪市場需求曲線時，只要根據表 2-1 的數值，把個別需求曲線水平相加即可。不過，這裡的圖 2-2 是用平滑的需求曲線所畫出來的市場需求曲線。當價格下跌時，需求量就會增加——這樣的關係，我們稱之為需求法則（law of demand）。

　　需求曲線下降的原因，是因為當價格下跌時，買方就會想提高需求量，且以往節制不購買者，也會以新買方之姿參與市場。

市場需求曲線是在分析總體經濟情況時常用的工具。自第三章起，我們在進行經濟分析時，會用到的也是它。因此，在後續的論述當中，提到「需求曲線」時，如無特別註明，所指的就是市場需求曲線。

【圖 2-2　市場需求曲線】

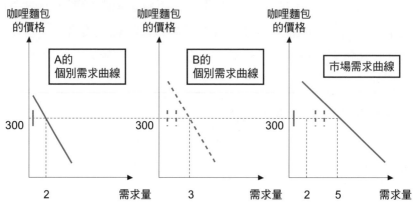

◇價格以外的需求決定因素

前面我們看了需求曲線如何呈現價格與需求量的關係。除了價格以外，還有什麼因素會影響需求呢？

首先，財力當然也是一個重點。當財力出現變化時，就算咖哩麵包的價格和上週相同，採購量仍會因財力而變動。如果財力是受所得影響，那麼一般而言，所得越高，消費就會提升；所得越低，消費就會縮減。各位在打工發薪，或在家裡匯來生活費、就學貸款撥款前後，採購量應該也不會相同。

此外，若與咖哩麵包密切相關的商品價格出現波動，即使咖哩麵包本身的價格和所得皆持平，咖哩麵包的購買量恐怕也會有變。

舉例來說，當起司麵包、波蘿麵包降價時，咖哩麵包的價格就相對變貴，各位應該就會減少咖哩麵包的採購量。像這樣因為某項商品（起司麵包或波蘿麵包）降價，而導致其他商品需求減少時，降價的這兩項財貨就稱為替代品（substitute）。

　　再者，也可能出現和替代品完全相反的情況。如果消費者在吃咖哩麵包時一定要配牛奶，那麼在決定咖哩麵包採購量時，想必一定會考慮牛奶和咖哩麵包的合計金額是多少。此時牛奶一旦降價，消費者就會增加咖哩麵包的採購數量。像這樣因為某項商品（牛奶）降價，而增加對另一項商品（咖哩麵包）的需求時，我們就會把這兩項商品稱為「互補品」。

　　還有，當買方的偏好出現變化，或受到新資訊、買方自己的預期心理影響時，即使咖哩麵包及其相關商品的價格不變，所得也不變，咖哩麵包的採購量仍會有變動。舉例來說，如果消費者突然迷上了辛辣刺激的食物，就會推升咖哩麵包的消費量；如果最近的三角飯糰的喜好更勝麵包，那麼咖哩麵包的消費量就會降低。

　　此外，要是媒體報導指出咖哩麵包當中含有益健康的成分，那麼這項新資訊，就會成為消費者大量購買咖哩麵包的誘因。還有，如果各位這個月很努力工作，預估下個月工讀時薪可望調漲，那麼即使現在財力並未增加，仍有可能增加咖哩麵包的採購量，把其他開銷挪動到下個月。

　　前面我們描述的，都是決定個別買方需求的因素。除此之外，如果再考量其他買方的需求，那麼人口與人口結構也會是影響咖哩麵包整體需求的因素之一。當人口增加時，即使個別買方所面對的因素不變，只要買方的人數變多，就會帶動咖哩麵包整體的採購量

專欄 2-1

需求曲線的斜率

「相關商品的價格」是決定消費者對某項商品有多少需求量的因素之一。誠如本章正文所述,所謂的「替代品」(Substitute Goods)和「互補品」(Complement),就是這樣的例子。

咖啡與紅茶、奶油與乳瑪琳、新幹線與飛機……這些可以互相替代的商品,就是所謂的替代品。以從日本的關西地區往來九州為例,當高速公路通行費降價時,即使新幹線和渡輪船票價維持不變,和取道高速公路的費用一比,新幹線和渡輪就會相對變貴,因此選用這些交通方式的旅客勢必會減少。

而所謂的「互補品」,則是像電腦和電腦軟體、DVD 光碟片和DVD 播放器、汽車和汽油等會一起使用到的商品。例如當汽車價格上漲,導致汽車需求量減少時,即使汽油價格維持不變,汽油的消費量想必也會隨之降低。

像新幹線和飛機這樣,有其他關係密切的替代品存在時,需求曲線的斜率就會相對平緩;反之,缺乏關係密切的替代品時,需求曲線的斜率就會顯得相對陡峭(價格變化對需求量造成的影響不大)。

此外,若能將財貨分類成必需品(Necessities)與奢侈品(Luxury Goods)時,則必需品的需求曲線,會比奢侈品的曲線斜率更陡。

【照片 2-1 替代品的例子(新幹線和渡輪)】

作者拍攝:新幹線

作者拍攝:SUNFLOWER COBALT

上升；反之，若人口減少，採購量就會隨之降低。即使是在人口總數不變的情況下，只要人口結構出現變動，需求就會受到影響。假如年輕人特別喜歡咖哩麵包，那麼在進入少子、高齡化社會之後，咖哩麵包的採購量恐將下滑；反之，如果年長族群流行吃咖哩，那麼高齡化將可望帶動咖哩麵包的需求成長。我們把以上這些對咖哩麵包的需求因素匯整過後，就會如表 2-2 所示。

第2章

【表 2-2　咖哩麵包需求的決定因素】

(1)咖哩麵包的價格
(2)除了咖哩麵包價格以外的因素 　　所得、相關商品的價格、偏好、資訊、預期、人口結構等。

專欄 2-2

需求曲線的斜率與價格彈性

　　下面這兩張圖所呈現的，是同款汽油的需求曲線。不過，左邊這張圖用的，是在美國常用的計量單位「加侖」；右邊這張圖則是以「公升」為單位來計測。至於縱軸所使用的價格單位，則同樣都是日圓。

【圖 2-3　同款汽油的兩張需求曲線圖】

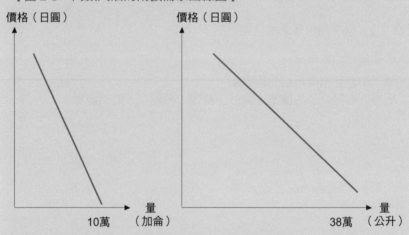

　　比較這兩張曲線圖，就能發現左邊的曲線圖顯然斜率較陡。一公升約等於三‧八公升，所以左圖走勢當然比較陡。不過，以這兩張圖為例，只看到左圖的人，會說「斜率很陡峭」；而只看到右圖的人，會說「斜率很平緩」。明明看的是同款商品的需求曲線，用到「斜率」這個詞來描述時，就變得像是截然不同的兩款商品似的。這樣會造成很多困擾，所以經濟學上會用「彈性」這個概念，用來作為一種不必看「單位」，就能描述相同斜率的量尺。

　　「需求的價格彈性」（Price elasticity of demand）定義如下：需求的價格彈性＝需求減少率／價格上升率。它所呈現的，是當價格上漲

1％時，需求會減少幾個百分點，也就是需求量對價格變化的反應。由於計算價格彈性時所用的分母和分子都是百分比，因此與價格或量的單位無關。只要是出現在需求曲線同一點上的價格變化，則價格彈性越大，需求曲線的斜率越小，越接近水平。

　　就必需品和奢侈品而言，越是趨近必需品的品項，價格彈性越小。為什麼會這樣說呢？舉例來說，像米這樣的主食，就算價格再怎麼飛漲，需求量仍無法大幅削減；反之，就算它價格下跌，我們也不會大量拉高消費。

　　「供給的價格彈性」（price elasticity of supply）定義如下：供給的價格彈性＝供給增加率／價格上升率。它所呈現的，是當價格上漲1％時，供給會增加幾個百分點，也就是供給對價格變化的反應。只要是出現在供給曲線同一點上的價格變化，則價格彈性越小，供給曲線的斜率越大，越接近垂直。

3. 供給決定因素與供給曲線

接下來，我們要探討的是賣方的供給行為。假設現在有兩位賣方（姑且稱之為麵包店 C 和麵包店 D），他們正在評估本週該有（供給）多少個咖哩麵包出爐。究竟賣方該如何決定供給量呢？

◇賣方的行為

麵包店 C 與 D 在決定出爐幾個咖哩麵包時，都會以「盡可能讓自己獲得最大滿足」為優先考量。而這裡所謂的滿足，具體來說就是利潤。所謂的利潤，就是用麵包的銷貨收入減去銷貨成本後，麵包店得到的獲利。而銷貨成本包括了人事成本、原料成本，以及烹調設備的租賃費用等。麵包店站在賣方的角度，思考「該製作幾個麵包」這個問題時，到底該評估哪些因素呢？

首先，對賣方而言，「價格」同樣是最重要的資訊。假設兩人都有這樣的誘因：當價格上漲時，賣方就會增加供給量；反之，當價格下跌時，賣方就會減少供給量。所以，如果咖哩麵包的價格與上週相同，賣方就只會供應和上週相同的數量；若本週價格較上週下跌，就會減少供給；反之，若本週價格較上週上漲，就會增加供給——畢竟可以高價賣出商品，就等於是麵包店有機會大量銷售，以爭取更多利潤。

◇C和D的供給曲線

我們更進一步將 C 和 D 在咖哩麵包價格和供給量上的關係，匯整如表 2-3 所示。

【表 2-3　咖哩麵包的價格與供給量】

咖哩麵包的價格（1 個）	麵包店 C 的供給量	麵包店 D 的供給量	麵包店 C 和 D 的供給量合計
100 日圓	1 個	0 個	1 個
200 日圓	2 個	1 個	3 個
300 日圓	3 個	2 個	5 個
400 日圓	4 個	3 個	7 個
500 日圓	5 個	4 個	9 個

接著，我們根據表 2-3 的價量關係，將 C 與 D 的供給行為分別呈現如圖 2-4。這張圖傳達了 C、D 這兩個賣方各自在咖哩麵包價格與供給量上的關係，故稱之為「個別供給曲線」。它呈現的是在給定價格時，該價格與供給量之間的圖形。例如圖 2-4 當中呈階梯狀那個逐步向上的圖形，就是個別供給曲線。

由於 C 和 D 在表 2-3 當中的數值不同，因此在圖 2-4 上，C、D 供給曲線的形狀也不會一樣。C、D 都會依各自的狀況來決定自己的供給量，所以即使面對同樣的價格，只要兩人的情況不盡相同，個別供給曲線的形狀就會出現差異。

如果圖 2-4 的橫軸——咖哩麵包的供給量單位不是「個」，而是「公克」（g）的話，供給曲線就不會呈現階梯型，而是會以較平滑的曲線型態往右攀升。此外，相較於橫軸長度來看，當每一個

咖哩麵包供給量的線段越窄,所畫出來的圖形線條就越平滑。這一點和需求曲線相同。

◇市場供給曲線(供給曲線)

圖 2-4 是反映出 C、D 各自狀況的供給曲線。那麼,整個咖哩麵包市場——也就是匯集 C、D 的整體供給曲線圖形,又會是什麼樣貌呢?

只要把 C 和 D 的供給量加總起來,就可以推算出整體的供給量多寡。用來呈現在給定價格時,咖哩麵包價格和市場整體供給量關係的圖,就是市場供給曲線。在某個價格之下,把 C 和 D 的供給量加總起來,就是市場整體的供給量。所以描繪市場供給曲線時,只要根據表 2-3 的數值,把個別供給曲線水平相加即可。只不過,這裡的圖 2-5 是用平滑的供給曲線所畫出來的市場供給曲線。當價

【圖 2-4　個別供給曲線】

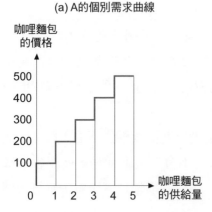

(a) A的個別需求曲線

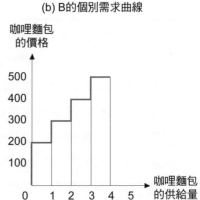

(b) B的個別需求曲線

格上漲時，供給量就會增加——這樣的關係，我們稱之為供給法則（Law of Supply）。

供給曲線攀升的原因，是因為當價格上漲時，買方就會想提高供給量，而且還有新買方參與市場，打算投入供給的行列。

自第三章起，我們在進行經濟分析時，會用到的就是市場供給曲線，這一點和需求曲線的情況一樣。因此，在後續的論述當中，提到「供給曲線」時，如無特別註明，所指的就是市場供給曲線。

◇價格以外的供給決定因素

前面我們看了供給曲線如何呈現價格與供給量的關係。除了價格以外，還有什麼因素會影響供給呢？

除了價格以外，想必麵包店老闆還會關心的，是製作咖哩麵包所需的原料和設備價格。烤麵包需要烤麵包機（烘焙烤箱）等設備，

【圖 2-5　市場供給曲線】

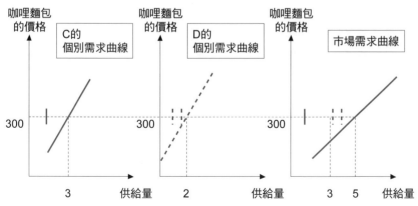

還要採購麵粉、奶油和雞蛋等材料。這些為供給麵包所需的原料和機器設備等,稱為「投入」(input)。在咖哩麵包價格不變的情況下,若這些投入的價格上漲,麵包店的獲利就會變少,進而選擇減少咖哩麵包的供給量。

　　甚至在咖哩麵包和投入的價格都維持不變的情況下,只要烤麵包的技術出現變化,供給量也會跟著波動。如果烤麵包的時間因為烘焙烤箱的技術進步而縮短,想必供給量也會隨之提升。還有,就算烤麵包所需的時間維持不變,只要有採用節能技術的烘焙烤箱問世,那些節省下來的能耗開銷,就可以用來提高咖哩麵包的供給量。

　　縱然在咖哩麵包和投入物的價格持平,技術水準也不變的情況下,新資訊或預期的變化,也會影響咖哩麵包的供給——這一點和買方的需求決定因素一樣。如果電視上播出了一些會讓買方想多買咖哩麵包的資訊節目,賣方應該就會多準備一些咖哩麵包。我們將上述這些影響咖哩麵包供給的決定因素,匯整如表 2-4 所示。

【表 2-4　咖哩麵包供給的決定因素】

(1)咖哩麵包的價格
(2)除了咖哩麵包價格以外的因素 　投入的價格、技術、自然環境、資訊、預期心理等。

4. 結語

在本章當中，我們探討了賣方和買方對需求和供給的決定因素，也學會了重要的經濟分析工具——需求曲線和供給曲線。決定需求和供給的最重要因素，是我們要分析的這項商品的價格。而需求曲線和供給曲線，則分別呈現了在給定價格的情況下，價格與需求量／供給量的關係。

需求曲線下降的原因，是因為當價格下跌時，買方就會想提高需求量，且以往節制不購買者，也會以新買方之姿參與市場；另一方面，供給曲線攀升的原因，則是因為當價格上漲時，買方就會想提高供給量，而且還有新買方參與市場，打算投入供給的行列。

在本章當中，我們把根據買方行為所找出的需求曲線，和根據賣方行為所找出的供給曲線，分別用不同的圖來進行探討。但針對需求和供給最重要的決定因素——價格究竟如何訂定的問題，並沒有多作著墨。因此，除了價格之外，那些影響需求或供給增減的因素，究竟要有多少變化，才能推升多少需求量或供給量？這是我們在本章尚未處理的問題。為什麼會這樣說，是因為需求曲線和供給曲線的型態出現變化，就有可能造成價格波動。所以，為了處理這個問題，在第三章當中，我們要探討價格會如何在買方和賣方的相互作用之下產生，也就是要在同一張圖上，呈現需求和供給曲線的狀況。

2　日本自 2010 年 6 月 28 日至 2011 年 6 月 20 日，針對全國約兩成的快速道路，實施免通行費的社會實驗，以測試對降低物流成本、刺激地方經濟的效果。

❓ 動動腦

1. 找一個自己有興趣的商品，試著想想它在需求和供給上的決定因素為何？
2. 試以替代品和互補品的概念，想一想在油價上漲時，哪些財貨的需求會增加，哪些財貨的需求會減少？
3. 根據日本國土交通省公佈的資料指出，快速道路免通行費的社會實驗[2]，自二〇一〇年六月二十八日實施以來，首日二十四小時之內的交通流量，較實施前平均增加了 79％。試想在這個情況下，免通行費的實驗對象——快速道路的需求價格彈性大小。

參考文獻

《經濟學入門》（第 4 版），伊藤元重著，日本評論社，2015 年。
《經濟學原理》（第 2 版）（Principles of Economics），葛雷葛利・麥基著，足立英之、石川城太、小川英治、地主敏樹、中馬宏之、柳川隆譯，東洋經濟新報社，2014 年。
《個體經濟學 Expressway》，八田達夫著，東洋經濟新報社，2013 年。

進階閱讀

《商業與經濟》，伊藤元重著，日本評論社，2004 年。
《快樂上班經濟學》，吉本佳生編，NHK 出版，2009 年。

第 3 章

價格機能

序章
第1章
第2章
第3章
第4章
第5章
第6章
第7章
第8章
第9章
第10章
第11章
第12章
第13章
第14章

1. 前言
2. 財貨交易與市場
3. 何謂市場價格
4. 市場價格變化與原因
5. 結 語

1. 前言

想要某項財貨時，我們會付錢取得，也就是用金錢來交換想要的財貨，進行交易。這時我們所付的錢，是該項財貨的價格。我們身為買方，當生活所需的財貨價格飆漲，就會壓迫我們的生活；而當財貨的價格崩跌時，銷售財貨的賣方就會為了沒有獲利而苦惱。價格太貴時，財貨反而會滯銷，甚至淪為庫存；價格太低時，賣方又會因為利潤太微薄不願生產，恐導致市場上的財貨量短缺。就這個層面來看，價格要取得平衡，不能太貴，也不能太低。

不過，這些價格究竟是由誰來決定的呢？是銷售財貨的經銷通路？還是生產財貨的生產者呢？很多時候，財貨的價格的確是由經銷通路或生產者來訂定。但在訂價時，他們真的可以隨心所欲嗎？其實不然。每項財貨都有價格設定上的參考指標，也就是所謂的「市場價格」（market price）。即使是通路或生產者，在訂定價格時，也不能完全忽視市場價格的水準。當市場上出現「最近萵苣好便宜喔」的聲音時，就表示萵苣的市場價格偏低。因此，各通路上販售的萵苣，價格也會跟著下跌。

那麼，財貨的參考價格——市場價格又是怎麼訂定出來的呢？本章會和各位一起來思考「市場」的概念，以幫助各位更進一步了解財貨交易的全貌，並說明市場價格訂定的機制。

2. 財貨交易與市場

◇一對一的交易

　　財貨交易的基本形態，是買方和賣方之間的一對一交易協商。舉例來說，假設某人為了採購便宜的毛巾，而來到了跳蚤市場。在跳蚤市場賣毛巾的賣方，當然會想用高價賣出商品，以提高獲利；而前來採買的買方，想必是打算盡可用便宜的價格買到毛巾。換言之，買方和賣方之間存在著利益衝突（conflict of interest）。這些毛巾要能成功交易，需要取得買方和賣方對價格的認同。

　　儘管賣方想用高價出售毛巾，但價格訂得太高，可能會嚇跑買方。況且在同一個跳蚤市場裡還有其他賣毛巾的攤位，在跳蚤市場以外的地方，更是不乏毛巾通路。或許大家賣的毛巾不盡相同，但毛巾的賣方何其多。所以，這個跳蚤市場的毛巾賣方不可能為自家商品掛上離譜天價，因為賣方彼此之間仍有銷售競爭。

　　另一方面，想用便宜價格買到毛巾的買方，如果心中設定的價位太低，說不定會被賣方教訓「走開！」何況跳蚤市場裡還有很多來買毛巾的人，也就是說毛巾的買方還有很多，買方之間會彼此競爭，所以要開出比其他買方更高的價格，才能買得到毛巾。

　　毛巾的賣方和買方之間固然是彼此利益衝突，賣方和賣方、買方和買方之間也有競爭，所以不可能提出太離譜的價格。因此，經協商之後，交易應會在彼此尚能接受的價格下成立。

【圖 3-1　財貨交易的基本型態】

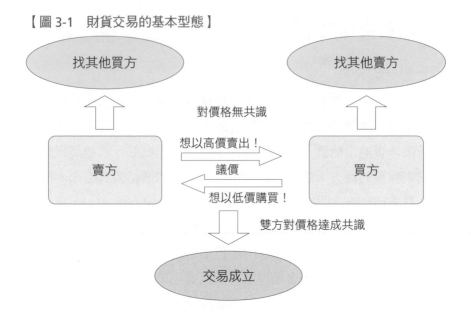

◇五花八門的交易與市場

　　除了買方和賣方進行一對一的交易協商之外，其實財貨交易還有很多不同的形態。例如我們最熟悉的，就是由門市通路出示財貨和價格，買方到店後，只要決定買或不買的交易型態。又或者是各位可以想像一下我們在便利商店裡購物的情景：當我們走進便利商店，就有琳瑯滿目的各式財貨，依既定價格在店內販售。我們要做的，就只有看看財貨和價格，再決定買或不買而已。如果覺得財貨不夠吸引人，或價格太貴，我們就會選擇做出「不買」這個舉動，而不是去找店員討價還價（我還真沒看過在便利商店討價還價的人！）。

其他還有像是由賣方上架財貨，買方出價競標的拍賣，以及賣方向買方出價競標的拍賣等形態。前者有生鮮漁獲的市場拍賣、網拍等案例，後者則以政府標案的等最為人所知。另外，或許各位比較陌生，但也有需要透過拍賣員（auctioneer）居中為賣方和買方牽線、訂定價格的交易，例如像外匯、證券交易等。

如上所述，交易的型態五花八門，但基本結構就如前一節所述，都是共通的——第一，在交易條件（價格）方面，賣方和買方是利益衝突的；第二，通常賣方和買方都很多，所以會彼此競爭。由於這些交易的基本結構都是共通的，為求簡化，後續我們在思考時，姑且就先不拘泥這些交易形態的差異。

◇**市場是交易的「場域」**

不論交易型態如何，凡是買方和賣方交易財貨的「場域」，就統稱為市場。舉例來說，寶特瓶飲料市場有各種廠商，生產各式商品，在多種不同地點銷售，但我們會把這些加總起來，視為是一整個寶特瓶飲料市場——這樣想比較簡潔。不過，明明有各式商品，卻一概統稱為寶特瓶飲料市場，的確是太粗暴了一點。所以有時我們也會視情況需要，再細分出茶飲、碳酸飲料等市場。

3. 何謂市場價格

◇市場價格是價格的參考指

通常在財貨交易時，會有「市場價格」來作為價格的參考指標（通常稱之為「行情」）。當賣方想以高於市場價格的價位出售商品時，商品就會變得比較不容易賣出去；買方若想以低於市場價格的價位買到商品，就會比較難成交。例如寶特瓶茶飲的價格，雖然會因商品、通路、地區、狀態（冰涼與否）等因素而有所不同，但至少應該是不會以每瓶 1000 日圓[3] 的天價成交，因為它遠高出寶特瓶茶飲的市場價格；反之，應該也不會以 10 日圓的價位成交，同樣是因為它遠低於寶特瓶茶飲的市場價格。

財貨有市場價格，賣方和買方都以此為標準進行交易。當賣方以「我們的商品很便宜」來作為攬客號召時，是考慮市場價格的水準，強調自家商品比市場價格便宜；至於「我們的商品稍微貴一點，但品質很精良」這句宣傳詞，代表了賣方其實在意自家商品售價高於市場價格。而買方心目中認為「這家店的東西很貴」，也是與財貨市場價格相較之下的結果。在財貨交易的過程中，賣方和買方都無法忽略市場價格，因為市場價格就是交易時的價格參考依據。

既然市場價格是賣方和買方都念茲在茲的參考價位，那它又是怎麼訂定的呢？當然不是由某個特定賣方決定，也不是任何特定買方說了算。儘管買方和賣方不曾討論，但其實市場價格是由所有賣方和買方共同決定的結果。

---

3 譯註：寶特瓶茶飲的價格一般多在 200 日圓以內。

◇均衡價格與價格機能

　　財貨的市場價格取決於市場，它會讓財貨的所有買方需求和所有賣方需求達成平衡（需求量 ＝ 供給量）。圖 3-2 的橫軸是財貨數量，縱軸是財貨價格；往右逐步下滑的是需求曲線，往右逐步攀升的是供給曲線。而在需求曲線和供給曲線的交點上給定的這個價格（P*），我們稱之為均衡價格。只要在均衡價格下交易，需求量和

【圖 3-2　超額需求與市場價格的調整】

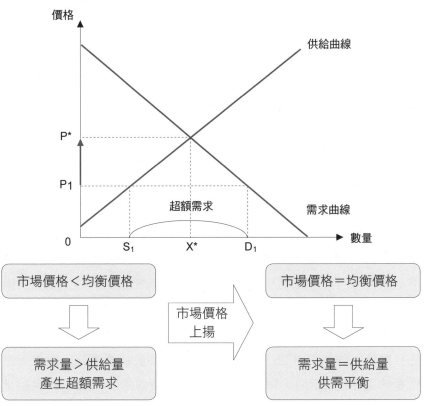

供給量就能維持平衡。且在此價位下，想購買這項財貨的人都能買得到；想賣出財貨的人，也都能成功賣出脫手。

接著，讓我們來想一想：當交易的參考價格——市場價格低於均衡價格時，會是什麼情況。此時，如圖 3-2 所示，以市場價格 P1 進行交易時，需求量和供給量不均，導致需求量（D1）＞供給量（S1）。換言之，需求量（D1）— 供給量（S1）的部分，將出現缺口。我們把這個缺口量稱之為「超額需求」（excess demand）。財貨短缺時，會發生什麼問題呢？賣方會發現自己即使抬高價格，商品仍然賣得出去；而那些不論如何就是想買到的買方，願意開出更高的價格來買。因此，該項財貨的市場價格便開始走揚，且會一路漲到趨近均衡價格（P*）的水準。這時市場上就不再有超額需求，需求量和供給量達成平衡。這種需求量和供給量在市場上達到平衡的狀態，我們稱之為「市場均衡」（market equilibrium）。此外，這時交易的財貨量 X*，我們稱之為「均衡交易量」。

舉例來說，在網路拍賣上，我們幾乎很難看到當紅歌手的演唱會門票上架兜售。這時，門票的需求量大於供給量，於是票價便節節攀升。當很多人都想取得稀有財貨時，這項財貨的市場價格就會飆漲。但即使是眾人夢寐以求的門票，當它的市場價格飆漲時，就會有很多人買不起，進而選擇放棄（需求量減少）。此外，持有票券的人得知可以高價賣出，說不定就會把票釋出到網路上拍賣（供給量增加）。結果到頭來，需求量和供給量就會拉平，使得這時的市場價格成為均衡價格。

接著，我們再來想一想：當市場價格高於均衡價格（P*），也就是如圖 3-3 所示時，會是什麼情況。此時需求量（D2）＜供給量

（S2），因此供給量（S2）— 需求量（D2）的部分，將成為庫存。我們把這個庫存量稱之為超額供給（Excess Supply）。財貨剩餘時，賣方應該會調低價格以求消化庫存，接著市場價格就會因此而開始下跌，且會一路跌到趨近均衡價格（P*）的水準。到頭來市場上就不再有超額供給，需求量和供給量達成平衡（市場均衡）。而這時的財貨交易量，就是均衡交易量 X*。

【圖 3-3　超額供給與市場價格的調整】

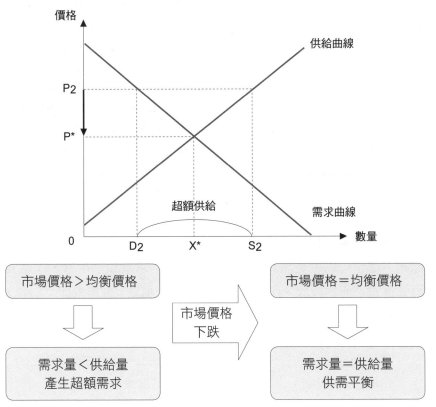

專欄 3-1

價格管制的弊病

二〇〇七年六月,辛巴威政府祭出了一項政策,就是讓持續飆升的食品和日用品價格凍漲。這樣的政策稱為「價格管制」。政策上路之後,竟導致多項食品和日用品從市面上銷聲匿跡。根據本章的內容,各位應該不難想像這樣的結果才是。

在實施價格管制之前,辛巴威因為諸多原因,而使得市場上的財貨短缺。食品和日用品也在價格機能的發酵之下,市場價格持續走昇。舉國民眾都因為它們漲價而大呼吃不消。辛巴威政府眼見情勢越演越烈,便決定讓價格維持固定,以防市場價格繼續飆升,結果導致財貨價格無法隨均衡價格上揚,市場因而出現了大量的超額需求。賣方無法在交易中確保足額的獲利,於是乾脆停止供給財貨。換言之,當局祭出這項價格管制措施的下場,是讓物價飆漲的窘況更雪上加霜。

市場本來就具備「價格機能」這樣的機制,可透過市場價格的調控,讓需求量和供給量不致於相差太遠。然而,原本在市場價格的運作下,可使需求量和供給量趨於一致,有時卻會因為價格管制等因素而受到干擾。在這種情況下,價格機能無法正常運作,恐導致需求量和供給量出現嚴重落差,引發混亂。

綜上所述,我們可以看出市場價格的變動是依均衡價格的水準而定。這也可以說是因為市場價格會調整需求量和供給量,以達到財貨供需平衡的緣故。我們把這個市場機能稱為「價格機能」(price mechanism)。價格機能的優點,在於它不必有人發號施令,就能讓賣方主動將財貨供應量調整至與需求量相同的水準。

4. 市場價格變化與原因

在前一節當中，我們學到財貨的市場價格會自動朝均衡價格對齊。因此，我們也可以把財貨的市場價格，想成是在需求曲線和供給曲線交點上給定的那個價格水準（遲早都會自動調整對齊）。只要需求曲線和供給曲線的位置不變，那麼在兩者交點所給出的市場價格，照理說應該也不會變動才對。不過，實際上市場價格有時會很頻繁地變動。為什麼呢？想必是因為需求曲線和供給曲線位置變動的關係。

【圖 3-4　需求曲線的移動】

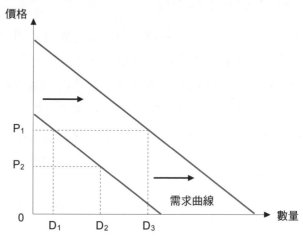

◇需求曲線和供給曲線的移動

　　需求曲線會在什麼情況下移動呢？前面我在第二章曾說明過，財貨的需求量不僅會因為財貨本身的價格而變動，還會受到所得、個人偏好等因素影響。請各位看看圖 3-4：需求曲線呈現出在各個不同價格條件下，消費者會需要多少財貨。當財貨價格從 P1 降到 P2 時，需求量就會沿著需求曲線從 D1 升到 D2。當財貨價格出現變化時，需求量就會像這樣，沿著需求曲線變動。若財貨價格持平，但所得和消費者偏好等因素變動時，需求曲線的位置就會移動。例如社會上因為所得增加或流行熱潮等因素，使得財貨需求從 D1 增加到 D3 時，即使價格仍為 P1，需求曲線就會向右移動，如圖 3-4 所示。

【圖 3-5　需求曲線的移動】

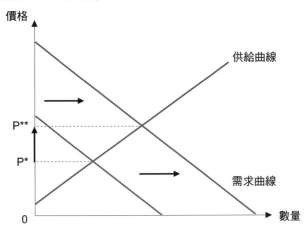

◇需求因素引發市場價格變化

　　可能造成市場價格上升的因素有兩個——需求因素和價格因素。需求因素所造成的市場價格上升，是需求曲線由於某些因素，而像圖 3-5 這樣向右移動所致。在需求曲線移動前，市場價格的水準是 P*；但在需求曲線移動過後，新的均衡價格（在需求曲線和供給曲線的交點所給定的價格）變成了 P**，而不再是 P*。因此，市場價格也會上漲至 P** 的水準。

　　舉例來說，有一段時間因為電視上介紹了香蕉減肥法，所以香蕉的市場價格一路上揚。這是因為看了電視節目的人想嘗試，所以香蕉買氣才會比平時更旺。這個效應使得香蕉的需求曲線往右移動，結果帶動了香蕉的市場價格攀升。

專欄 3-2

市場價格與套利

　　賣方會以市場價格為參考依據，訂定售價；買方也會以市場價格為參考依據，決定是否購買。那我們要怎麼知道市場價格是多少呢？事實上，除非進行大規模的調查，否則我們根本看不到所謂的市場價格──畢竟它只是人們在進行財貨交易時的約略價格。

　　例如買方在選購電器時，會先找幾家家電行來作為評比選項。多數的買方會在這幾家家電行逛一圈，看看自己想買的那項商品，在各家店裡的售價各是多少，並在價格最便宜的店家購買。因此，賣方在訂定價格時，會特別考量其他競爭者的售價──因為如果自家商品賣得比較貴，那可就賣不出去了。由此可知，家電在各通路的價格差異不會太大，而這樣的價格，就可視為是該家電商品的市場價格。

　　如上所述，市場價格是賣方和買方多方明查暗訪之下，才知道的資訊。賣方會調查其他同業的價格，或發放問卷給買方，以調查市場價格。而這些舉動，就是所謂的「市場調查」；另一方面，買方也會走遍各大小通路，或使用「價格 .com」之類的比價網站，查出市場價格。買方和賣方就是透過這些方法，來掌握市場價格。

　　然而，財貨不見得都是以市場價格成交。例如有些商品的定價遠低於市場價格，也就是所謂「買到賺到」的商品。這是因為賣方、買方沒有掌握市場價格，才會發生這種「買到賺到」的狀況。現代由於網路的普及，以及物流網絡的發展，已很難再看到這種破盤價。

　　此外，若同一項財貨，在市場上以不同價格銷售時，我們就可以用低價買進、高價賣出，藉以從中牟利。這樣的交易行為，我們稱之為「套利」（arbitrage）。當套利活動蓬勃時，同一項財貨在各通路之間的價差就會越來越小。所以，套利其實也是幫助市場價格形成的一股助力。

【圖 3-6　供給曲線的移動與市場價格】

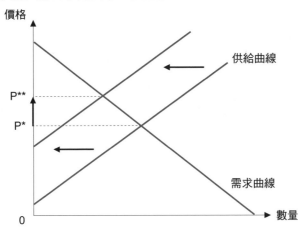

◇供給因素引發市場價格變化

　　接下來要說明的是市場價格上升的供給因素。如圖 3 - 6 所示，當供給曲線因為某些因素而向左移動時，市場價格就會上揚。在供給曲線移動前，市場價格處於 P* 的水準；但在移動過後，市場價格就會上漲到 P**。舉例來說，近年來各位應該都聽過蜜蜂大量死亡卻原因不明的消息。「蜜蜂」這個在農作物授粉時不可或缺的要角，身價竟因此而水漲船高──因為蜜蜂大量死亡，供給曲線向左移動的緣故。

　　可以導致市場價格下跌的原因也有兩個──需求因素和供給因素。需求因素是需求曲線因為某些原因而向左移動，供給因素則是供給曲線因為某些因素向右移動所致。只要像這樣掌握需求曲線和供給曲線的動向，就能了解、預測市場價格的動態。了解、預測市場價格的變化，對消費者、廠商和政策起草人而言，都相當有益。

5. 結 語

在本章當中，我們學到市場價格是在財貨的供給和需求平衡之下，所訂定出來的。謹整理本章三大重點如下：第一，所謂的市場價格，是市場交易時的參考價格，不論買方或賣方，都無法忽視它的存在。第二，市場價格會依供需可達平衡時的「均衡價格」而定。換言之，市場裡有一套機制，能讓需求和供給因市場價格變動而達到平衡。

讀到這裡，各位就已經學會「了解市場大小事」所需要的基本知識了。只要妥善運用這些概念，各位應該就能看懂市場上發生的許多事件或狀況。

❓動動腦

1. 當壽司等日本料理風行全球時，鮪魚的市場價格會出現什麼樣的變化？請用本章介紹過的需求曲線和供給曲線概念來想一想。

2. 鮪魚暫停捕撈，或漁船的燃料價格上漲，會對鮪魚的市場價格造成什麼樣的影響？請用本章介紹過的需求曲線和供給曲線概念來想一想。

3. 試想若東京的薄型電視交易價格是大阪的兩倍，會發生什麼事？

參考文獻

《經濟學入門》（第 4 版），伊藤元重著，日本評論社，2015 年。

進階閱讀

《個體經濟學 從策略觀點切入》，梶井厚志、松井彰彥著，日本評論社，2000 年。

第 4 章

市場效率

序章
第 1 章
第 2 章
第 3 章
第 4 章
第 5 章
第 6 章
第 7 章
第 8 章
第 9 章
第 10 章
第 11 章
第 12 章
第 13 章
第 14 章

1. 前言

市場是相當龐大的組織。截至二○○七年時，網路電商巨擘亞馬遜（amazon）供應的商品已逾百萬件，樂天（Rakuten）更多達一六○萬件（2007 年 4 月 25 日朝日新聞報導資料）。這兩個電商平台的規模都比便利商店更大，但並未販售生鮮食品、燃料、土地和工業用機器設備等。換句話說，整個市場供應的商品種類更多。

日本住了一億兩千萬以上的人口，這些人幾乎全都是日本市場的參與者。此外，許多廠商也是市場的成員。在市場經濟所撐起的社會當中，市場就是社會上最多參與者的組織。

況且這個市場是在無人操作的情況下運作——也就是說，市場和廠商、政府或其他各種組織不同，是在沒有領導者或管理者的狀態下運作。這個無人操控、自行運作的龐大組織，支撐著我們的生活。這個機制能成立，是因為市場了解我們每個人的需求和喜好，而我們每天也確實都會從市場上取得各項生活所需。

如此龐大的無人組織，究竟是怎麼掌握到我們的需求和喜好呢？本章的目的，就是要解答這個謎題。

2. 市場課題與期望的指標

◇買方、賣方的目的和個人資訊

　　各位可能參加過人數眾多的社團、體育校隊或學生會等活動。有這些相關經驗的人，請回想一下當年社團社長、校隊隊長、學生會會長有多辛苦。要領導一個人數眾多的團隊組織，領導者或管理者須具備許多知識。例如棒球教練除了要懂棒球相關的專業知識之外，還要掌握團隊和團隊個別成員的資訊，例如 A 選手擅長短打，B 選手球速慢但控球好等等。經營人數眾多的團隊要相當勞心勞力，就是因為我們很難清楚了解團隊特有資訊的緣故。光是一個五十人左右的組織，要掌握團隊資訊就已經是一樁苦差事，更遑論組織規模越大，艱鉅程度還會隨之提升。

　　很多大型組織會把其中一部分的責任交付給旗下的小團體，以克服管理上的困難。例如在學生會當中，不會由學生會長掌管一切事務，而是把部分責任交付給圖書部長、風紀部長和保健部長等。而包括職棒在內的許多運動團隊，則是將隊伍分為一、二軍，並讓二軍負責人分擔培訓選手的責任。

　　然而，在市場這麼龐大的組織當中，看起來似乎沒有碰到管理上的難題。況且如前所述，市場是以無人的方式在運作，根本沒有負責掌管各式資訊的領導者或管理者存在，但它還是日復一日地，滿足著我們日常的欲望和需求。

　　我們會透過市場取得各式商品，並藉此而獲得滿足。買方購買商品的目的，在於獲得更高的滿足；而賣方銷售商品的目的，則在於賺取利潤。滿足買方和賣方的目的，可以說就是市場存在的意義。

買方的滿足程度和賣方的利潤，牽涉到許多因素。買方的滿足程度與買方自身的偏好、對商品的需求程度有關。舉例來說，每個人需要的鞋子尺寸各不相同；對黃豆過敏的人無法食用含黃豆成分的食品。還有，如果要選現在想喝的是咖啡、紅茶或日本茶，每個人的答案都會不一樣。這些都是買方的個人資訊。而賣方要讓利潤極大化，就必須讓生產更有效率。買方對商品有偏好及需求程度，同樣的，賣方該如何讓生產更有效率，其相關知識也是屬於個人資訊——因為每家廠商在提升生產效率時所需要的投入，也不盡相同。市場隨時都在吸取這些個人資訊，並提供滿足你我目的時所必要的商品。

◇買方滿足程度與需求量的訂定

面對你我的目的需求，市場究竟能滿足到什麼程度？在思考這個問題之前，我們要先釐清賣方和買方的期望標準。買方對自己要消費的財貨，願意給出什麼樣的評價，就是量測買方滿足程度的標準。在市場上，買方是付錢買商品的人，而商品能帶給買方的滿足程度，則可透過「買方打算花多少錢購買」來測量。

舉例來說，假設某人打算買罐裝咖啡，但價格在 100 日圓以下時才會買，超過就不買。此時，「100 圓」這個金額代表的，是買方給罐裝咖啡的評價。換句話說，對買方而言，當要用金錢來衡量罐裝咖啡帶給自己的滿足程度時，答案就是 100 圓。

當買方判定罐裝咖啡所帶來的滿足程度為 100 圓時，他在選購前就會做各種考量（應該是下意識的），例如要買柳橙汁還是買咖啡？如果省下一罐咖啡的錢，晚餐可以升級到什麼程度……等等。

就這個角度而言，用金錢衡量的滿足程度，可說是匯集了買方的各種個人資訊。

　　但即使買了一罐能帶來百圓滿足程度的咖啡，實際上買方並不會增加 100 圓的滿足程度——因為要買到這罐能帶來百圓滿足程度的咖啡，這個人必須付錢。如果咖啡一罐的價格是 80 圓，那麼買方為了獲得百圓的滿足程度，必須放棄購買其他價格 80 圓的商品。所以，對買方而言，真正增加的滿足程度是 100 圓－ 80 圓 ＝ 20 圓。而這種衡量買方滿足程度的指標，我們稱之為消費者剩餘（consumer surplus）。也就是說：

消費者剩餘＝以金錢衡量的滿足程度－價格

　　市場整體的消費者剩餘越多，表示整體買方在以金錢衡量的滿足程度方面，加總表現也越好。

　　這裡我們來看看「以金錢衡量的滿足程度」和「需求量」的關係。假設我們於盛夏時節，在一家居酒屋裡喝啤酒。第一杯非常好喝，所以對大多數的人而言，滿足程度很高；第二杯喝起來的感覺，就沒有第一杯那麼好了；到了第三杯，好喝的程度更是不及第二杯。從第一杯、第二杯到第三杯，啤酒喝得越多，它能帶給我們的滿足程度就隨之降低。同樣的概念，可以套用在其他絕大部分的商品上。換言之：

第一個商品的滿足程度＞第二個商品的滿足程度
＞第三個商品的滿足程度＞……

假設 A 現在人就在居酒屋裡。第一杯啤酒帶給他的滿足程度是 800 日圓,第二杯是 500,第三杯則是 300。若啤酒一杯的價格是 600 日圓,那麼第一杯啤酒帶來的滿足程度會比價格高,所以 A 會點一杯啤酒來喝;但到了第二杯時,價格會高於 500 圓的滿足程度,所以 A 不會點第二杯啤酒;同樣的,他也不會再點第三杯。接著我們再假設啤酒一杯的價格是 400 日圓,那麼第一杯、第二杯啤酒的滿足程度就會高於價格,而第三杯啤酒的滿足程度則低於價格。因此,這時 A 會選擇喝兩杯啤酒。如果啤酒的價格低於 300 圓,那麼從第一杯到第三杯的滿足程度都會高於價格,所以 A 至少會喝三杯啤酒。

我們可以把每一杯啤酒帶來的滿足程度畫成長條圖,並把價格標示在圖上。呈現價格的橫線,與長條圖的交點,代表的是需求量。

【圖 4-1 啤酒價格與消費者剩餘】

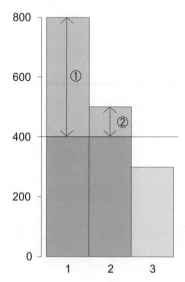

我們把啤酒價格 400 日圓時的需求量以圖表呈現後，就會如圖 4-1 所示。各位只要回想一下「呈現價格的橫線與需求曲線的交點，代表的就是需求量」這個概念，就能了解這裡的滿足程度長條圖，代表的其實是需求曲線。需求曲線逐步走跌——也就是所謂的「需求法則」，反映出每單位需求量的滿足程度，其實是遞減的。

　　這張圖可以呈現「消費者剩餘」的多寡。假設啤酒的價格是 400 日圓，圖中的①是第一杯啤酒的消費者剩餘，②則是第二杯啤酒的消費者剩餘。從這裡我們可以看出：消費者剩餘的總計多寡，就是呈現價格的橫線，與需求曲線所圍出來的圖形面積（圖中有箭頭的部分）。

◇最低要求價款與供給量的訂定

　　接下來，我們再來探討賣方的期望。銷售商品時，會產生諸多成本。舉凡生產製造、採購，或是賣方放棄能為自己帶來滿足程度的商品等，都是賣方在銷售商品時的成本。所以在計算成本時，要像這樣考量多方因素才行。而能對這些因素瞭若指掌的，想必就只有買方自己而已。換句話說，賣方的成本當中，匯集了賣方的各種個人資訊，就和買方的「以金錢衡量的滿足程度」一樣。

　　成本高的商品，賣方要看到高價才會願意出售；成本低的產品，即使是低價，賣方還是願意出售。由此可知，賣方願意出售一項商品的價格是多少，反映了賣方的成本。賣方願意出售商品的最低價格，我們稱之為最低要求價款。

　　賣方滿意度的指標是利潤，而利潤的指標，我們稱之為生產者剩餘（producer surplus）。例如當最低要求價款是 80 日圓，而價格

是 100 日圓的話，賣方原本只要 80 圓就願意出售的商品，能以 100 圓賣出，故生產者剩餘是 100 圓－ 80 圓 ＝ 20 圓。也就是說：

生產者剩餘＝價格－最低要求價款

市場上所有賣方的生產者剩餘總和越多，表示這個市場帶給賣方的利潤越多。

買方的滿足程度與需求量相關，同樣的，賣方的最低要求價款也與供給量相關。我們以罐裝咖啡為例，假設整個市場只有 A、B、C 三位賣方，賣方 A 的最低要求價款為 50 日圓，可售數量為 100 罐；賣方 B 的最低要求價款為 80 圓，可售數量 70 罐；賣方 C 的最低要求價款為 110 圓，可售數量 60 罐。若價格落在 80 到 110 之間，就會高於 A 和 B、但低於 C 的最低要求價款。因此，賣方 A 的可售數量 100，加上賣方 B 的可售數量 70，合計 170 罐，就是整個市場的供給量（圖 4-2）。換句話說，只要將每項商品的最低要求價款以長條圖呈現，它就會成為一條供給曲線——這一點和用滿足程度長條圖呈現需求量的概念相同。

消費者剩餘可用圖表呈現，同樣的，生產者剩餘也能畫成圖表。圖 4-3 呈現的是價格在 90 圓時的生產者剩餘。長方形 A 的「寬」是「賣方 A 的價格 - 最低要求價款」，「長」則是「賣方 A 的供給量」，因此長方形代表的，就是賣方 A 的生產者剩餘總和。同樣的，長方形 B 代表的是賣方 B 的生產者剩餘總和。換句話說，這兩個長方形的面積加起來，就是整個市場的生產者剩餘總和。由此可知，代表價格的橫線，和供給曲線所圍出來的圖形面積，就是生產者剩餘。

【圖 4-2　供給量的訂定】

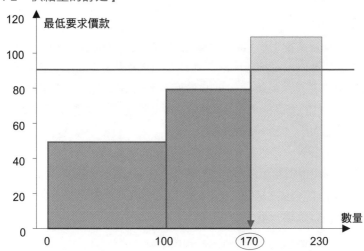

第**4**章

【圖 4-3　生產者剩餘】

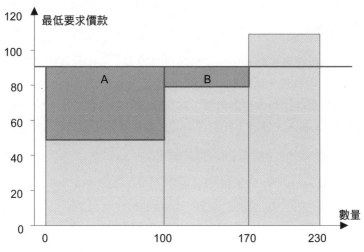

專欄 4-1

邊際成本

在本章正文當中提到的「最低要求價款」，在很多教科書上都稱之為「邊際成本」（marginal cost）。在經濟學上常會出現「邊際」這個詞彙，它是「最後一個」的意思。邊際成本指的是當生產 N 個產品時，第 N 的產品的成本。換言之，就是用生產 N 個產品時的總成本，減去生產 N－1 個時的總成本。

下面這張表，是在給定數量與總成本的關係時，所計算出來的邊際成本。例如當供給量為「3」時，就用它的總成本，減去供給量為「2」時的總成本，也就是 70－40＝30。至於其他數量的邊際成本，各位不妨自行確認一下。

【表 4-1　總成本與邊際成本的關係】

數　　量	0	1	2	3	4
總成本	10	20	40	70	110
邊際成本	──	10	20	30	40

讓我們用這張表格，一起來檢視邊際成本──也就是最低要求價款的狀況。用收入（營業額＝價格 × 數量）減去總成本，算出利潤。而能讓利潤達到最大值的數量，就是廠商訂定的供給量。例如當價格為 25 時，收入、總成本和利潤之間的關係會如下表所示。

【表 4-2　收入、總成本與利潤的關係】

數　　量	0	1	2	3	4
收　　入	0	25	50	75	100
總成本	10	20	40	70	110
利　　潤	──10	5	10	5	──10
邊際成本	──	10	20	30	40

當價格為 25 時，供給量「2」的利潤最多，所以供給量會是 2。而當數量為 1 或 2 時，邊際成本都不到 25；一旦數量到 3 以上，邊際成本就會超過 25。這個事實，和「邊際成本等於最低要求價款」擺在一起看，是很合理的。這裡我們只探討「價格為 25」時的狀況，有興趣的讀者，不妨再檢視一下其他價格。

◇需求曲線和供給曲線是匯集個人資訊的機制

買方會有「以金錢衡量的滿足程度」，賣方則有「最低要求價款」，它們都是個人資訊。而在市場經濟當中，需求曲線和供給曲線都是一套機制，用來處理這些個人資訊。

少了市場幫忙，我們根本就不可能蒐集到和商品有關的個人資訊。舉例來說，就算我們請買方、賣方填寫問券，買方和賣方也不太可能據實回答。賣方不會揭露那些牽涉企業機密的資訊，而買方也很難把自己對商品的偏好正確地反映在問卷上。

就這一個角度而言，其實決定市場需求、供給量的機制，也是一個設計相當精密的問卷——賣方會在價格高於最低要求價款時供給商品，低於最低要求價款時則不供給；買方會在滿足程度高於價格時需求，低於價格時就不需求。換句話說，每個人都在透過需求量和供給量的決定，正確地告訴市場這些價格相較於自己的滿足程度或最低要求價款是高或是低。而滿足程度和最低要求價款匯集了每個人所擁有的各式資訊，於是需求曲線和供給曲線，就成了統計龐雜個人資訊的一套裝置。

市場經濟的優點，就是能透過市場，讓整個社會運用這些個人

資訊。而這個優點即使在商品種類增加、市場參與者變多，或市場規模變大的情況下，仍不受影響——它就是市場這個龐大組織能順利運作的根本原因。

3. 市場均衡的效率

◇總剩餘

　　前面我們教過個別買方的需求曲線，也介紹了僅有少數賣方時的市場供給曲線，還從個人需求曲線談到了市場需求曲線。而現實世界的市場需求曲線和供給曲線，因為市場的參與者數量相當龐大，故形成很平滑的曲線，和個別買方的需求曲線，以及少數賣方的供給曲線很不一樣。在市場需求曲線當中，呈現價格的橫線，與需求曲線所圍出來的圖形面積，就是消費者剩餘；而在市場供給曲線當中，代表價格的橫線，和供給曲線所圍出來的圖形面積，就是生產者剩餘。而接下來我們要談的是市場整體的議題，所以供給曲線和需求曲線都會是平滑的曲線。

　　消費者剩餘的總和，加上生產者剩餘的總和，我們稱之為總剩餘（total surplus），可用來評估人們的目的在市場上的達成程度高低。讓我們來看看如何用圖表來呈現市場上的總剩餘。圖 4-4A 的深色陰影部分是生產者剩餘，淺色陰影部分是最低要求價款的總和。圖 4-4B 粗線範圍的面積，是「以金錢衡量的滿足程度」總和，深色陰影部分的面積是消費者剩餘。兩張圖當中的消費者剩餘和生產者剩餘加總起來，就是總剩餘。將這兩者用一張圖來表示，就是

下面的圖 4-4C。如圖所示，總剩餘其實就等於是滿足程度的總和，減去最低要求價款之後的結果。

【圖 4-4　市場上的生產者剩餘、消費者剩餘和總剩餘】

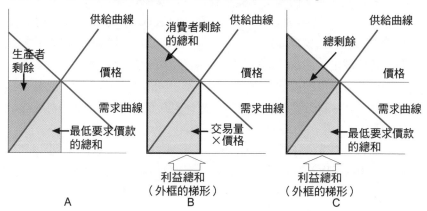

◇總剩餘的極大化

讓我們來想一想：市場上能有多少總剩餘？要解答這個問題，我們先假設有一個全知全能的神，祂對每個賣方的「最低要求價款」，和每位買方心中「以金錢衡量的滿足程度」瞭若指掌，並代替市場，將總剩餘極大化。

總剩餘是用「以金錢衡量的滿足程度」總和，減去最低要求價款總和的結果。因此，神會讓商品按照最低要求價款由低至高依序供給，讓滿足程度由高至低依序獲得需求。如此一來，就不會讓那些最低要求價款偏高的、交易效率不彰的賣方先供給商品，也不會讓那些滿足程度較低的買方先拿到商品。換句話說，只要按照這樣的順序，就能讓總剩餘極大化。舉例來說，在價格 300 日圓的情況

專欄 4-2

生活感受與消費者剩餘

當商品售價下跌時，我們會很開心——讓我們用消費者剩餘的概念，來分析一下這個生活感受。假設以金錢衡量啤酒帶給 A 的滿足程度時，第一罐是 600 日圓，第二罐是 500 日圓，第三罐是 400 日圓；而一罐啤酒的售價是 450 日圓。此時，因為第一罐和第二罐的滿足程度高於價格，而第三罐則低於價格，所以 A 會買兩罐啤酒。從第一罐啤酒可獲得的消費者剩餘是 600 圓－450 圓＝150 圓，從第二罐啤酒可獲得的消費者剩餘是 500 圓－450 圓＝50 圓，總計可獲得 150 圓＋50 圓＝200 圓的消費者剩餘。

如果啤酒的價格降到 350 圓，A 會很高興。這份喜悅來自兩個因素：第一個因素是以往買的這兩罐啤酒，能帶給他更多的消費者剩餘——第一罐啤酒能帶來的消費者剩餘是 600 圓－350 圓＝250 圓，第二罐啤酒能帶來的消費者剩餘是 500－350 圓＝150 圓，總計可從以往就有購買的這兩罐啤酒獲得 250 圓＋150 圓＝400 圓的消費者剩餘，至此就已增加了 200 圓的消費者剩餘。而這是因為價格降低，消費者可用較低廉的價格買到同樣的商品，消費者剩餘便因而增加。

讓 A 開心的原因還不只如此。由於這時商品價格已降到比啤酒滿足程度更低的水準，所以 A 會開始購買第三罐啤酒，並因此而獲得 400 圓－350 圓＝50 圓消費者剩餘。這是由於價格降低，讓消費者得以進行額外的消費，進而推升了消費者剩餘。

換言之，從消費者剩餘的觀點來說，消費者樂見商品降價有兩個原因：一是因為可以用更便宜的價格，買到自己以往就持續購買的商品；再者是因為這樣可以讓自己進行更多消費。

或許有些人會覺得以上這些分析，只是把理所當然之事換成艱澀的語言而已。至少它應該能讓各位明白一件事：消費者剩餘的分析，和我們的生活感受，其實距離並不遠。

下，如果讓最低要求價款 200 日圓的賣方供給商品，而最低要求價款 50 日圓的賣方不供給，那麼總剩餘就不會達到最高。因為最低要求價款 200 日圓的賣方，賣一單位商品的生產者剩餘是 100 日圓；而最低要求價款 50 日圓的賣方，生產者剩餘則是 250 日圓。這時，只要減少最低要求價款 200 圓的賣方供給量，把這些量加在最低要求價款 50 圓的賣方供給量上，必定可以提升生產者剩餘。買方的滿意程度——也就是消費者剩餘，亦可套用同樣的概念。

接著，神訂定了一個交易數量，讓買方有需求、但滿足程度最低的商品，和賣方有供給、但最低要求價款最高的商品，兩者的滿足程度和最低要求價款達到一致。圖 4-5A 呈現的是在此交易量下的總剩餘。而這時的交易量，我們稱之為「最適數量」。

為了確認總剩餘是否已達極大化，我們要將供給和需求，分別用最低要求價款由低至高、滿足程度由高至低排列，再將這些供給和需求，逐一搭配不同的最低要求價款和滿足程度。如果交易數量少於最適數量，就會出現「滿足程度高於最低要求價款，但無從交易」的商品。因此，以圖 4-5B 為例，只有三角形 A 的部分，總剩餘會低於最適數量。反之，如果交易量變多，就會出現最低要求價款高於滿足程度——也就是交易越多、總剩餘越少，卻仍持續交易的商品。圖 4-5C 只有三角形的部分，總剩餘會低於最適數量。圖 4-5B 當中的三角形 A，和圖 4-5C 當中的三角形 B，呈現的就是在最適數量與現有交易量之下的總剩餘之差，我們稱之為無謂損失（deadweight loss）。

【圖 4-5　最適數量與無謂損失發生時】

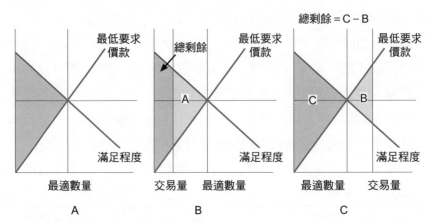

A　　　　　　　　　　B　　　　　　　　　　C

◇市場均衡的效率

　　前面我們用過滿足程度的長條圖來表示需求曲線，也用了最低要求價款的長條圖來表示供給曲線。因此，最適數量取決於需求曲線和供給曲線的交點，也就等於是均衡交易量。換句話說，在市場均衡的狀態下，總剩餘會達到極大化；而總剩餘達到極大化的狀態，我們會說「從總剩餘的觀點看來，符合效率」——亦即市場均衡符合經濟效率。

4. 結語

　　市場能符合效率，是因為它在需求量和供給量的決定上，充分運用了個人資訊的緣故。為了確認總剩餘極大化的狀態，我們試想了一個對所有滿足程度和最低要求價款瞭若指掌的神。市場是每個人決定需求量和供給量之後的結果，它就像神一樣，對這些需求和供給資訊「一清二楚」。我們很難用問卷來一一掌握每個人的個別資訊。此外，在一個充分發揮應有功能的市場當中，連神都無法創造出高於市場均衡時的總剩餘。

　　即使商品種類增加，市場參與者變多，市場仍能不斷地處理數量龐大的個人資訊——這一點和我們人類營運的組織、團體很不一樣。而它正是龐大市場能順利運作的根本原因。如果沒有市場，單一經濟體的規模會很受侷限。如此一來，市場上就買不到琳瑯滿目的各式商品了。

　　當市場順利運作時，政府就沒有出手改善經濟效率的空間。然而，市場並非隨時都正常運作。要讓它發揮該有的功能，必須具備幾個條件。條件缺漏不齊時，總剩餘就無法極大化，我們把這種狀態稱為市場失靈（market failure）。此時政府就有了介入市場、改善經濟效率的空間。除了效率之外，公平、平等也是評估經濟狀態好壞的指標。有時即使市場運作符合效率，但從公平、平等的觀點看來，還是會希望政府介入改善。這些政策面的討論，我們會在第五章以後再進行深入探討。

❓ 動動腦

1. 請用最近購買的物品，想想自己從中獲得的消費者剩餘是多少。
   例：午餐在便利商店買便當花了 380 日圓，罐裝咖啡 120 日圓。
   便當以金錢衡量的滿足程度是 450 圓，罐裝咖啡則是 200 圓。
   從便利商店便當獲得的消費者剩餘 450 圓－ 380 圓＝ 70 圓從罐
   裝咖啡獲得的消費者剩餘 200 圓－ 120 圓＝ 80 圓

2. 選一項「只要有錢，再多都願意買、願意喝或願意吃」的商品，
   畫出自己的需求曲線，再從中試想每一單位商品能帶給你的「以
   金錢衡量的滿足程度」是多少。

3. 參考本章專欄 2，用生產者剩餘的概念，試想為什麼賣方會特別
   樂見價格上漲？

參考文獻

《市場、知識、自由》，弗雷德里希 · 海耶克（Friedrich August von Hayek）著，田中真、田中秀編譯，密涅瓦書房，1986 年。

進階閱讀

《個體經濟學 I》，八田達夫著，東洋經濟新報社，2008 年。
《經濟學入門》（第 3 版），伊藤元重著，日本評論社，2009 年。

第 5 章

市場失靈

序章
第 1 章
第 2 章
第 3 章
第 4 章
第 5 章
第 6 章
第 7 章
第 8 章
第 9 章
第 10 章
第 11 章
第 12 章
第 13 章
第 14 章

1. 前言

即使每個消費者或生產者在行動時，都只以自己的利益為優先考量，市場還是能透過它的運作，讓整個市場處於符合效率的狀態——我們在第四章已經學習過這個概念。如果這個論述正確，所有經濟活動就只要交給民間進行即可。然而實際上，政府（包括中央政府和縣市町村等地方政府）卻透過消費稅、環保點數（EcoPoint）等稅制，還有補助、獨占禁止法、道路交通法等法律規範來介入民間的經濟活動。不僅如此，政府還會興建公園、道路、機場等公共建設，提供教育、警政、消防等服務。政府出手進行這些規範和經濟活動，對經濟效率真的只會造成干擾嗎？

要讓消費者和廠商的自利行為，為社會整體帶來符合經濟效率的成果，其實有幾個重要的前提——這是我們在前四章沒有多做著墨的。後續還會再就這些前提條件分項深入探討，故在此謹先做簡單介紹：第一個前提是市場未被獨占，第二是經濟活動不具外部效果（externality），三是交易的財貨必須是私有財（private good）而非公共財（Public goods），第四是沒有任何資訊不對稱。

在現實經濟中，不符這些條件的案例絕非少數。如此一來，個別消費者或廠商自利的經濟活動，就無法為整體社會帶來效率。這代表了市場並未發揮該有的功能，我們稱之為「市場失靈」。以下我們會就不符上述第一、第二和第三個條件的情況，分別進行探討。至於不符第四個條件的案例，我們會放在第六章討論。

2. 獨占

◇少數交易者與他們對交易價格的影響力

　　由多數賣方生產、銷售同性質的財貨或服務，並由眾多買方購買、使用，且單一賣方或買方的交易量，在總交易量當中的占比（市佔率）極低時，任一賣方或買方對交易價格都不具影響力——因為即使某一個賣方想以高於現有行情的價格銷售商品，到頭來顧客就只會被其他眾多競爭者搶走而已。而這樣的市場，我們稱之為「完全競爭市場」，前面四章談的都是這樣的市場。

　　然而，在現實世界裡，我們不難看到有些市場只有少數賣方（廠商），單一廠商的銷售量，在總銷售量當中的占比相當可觀。僅有單一賣方的市場，我們稱之為（賣方）獨占市場；賣方有兩家以上，但仍為少數時，就稱為寡占（市場）；賣方只有兩家的寡占，又稱為雙占（duopoly）。

　　在獨占市場當中，由於銷售財貨、服務的廠商僅有一家，因此該廠商在價格訂定上，可享有一定程度的自由。這時廠商當然會想開出高價，拉抬獲利。而在寡占市場當中，廠商定價雖不如獨占市場自由，但個別廠商仍能哄抬交易價格。像這種有廠商能影響價格的市場，通常我們稱之為「不完全競爭市場」。反之，當市場上僅有少數買方時，買方就能影響價格。這也是一種不完全競爭市場，這時買方會極力壓低價格。

　　賣方不只在握有高市佔率時能影響交易價格。即使市場上有許多競爭廠商，生產、銷售類似的財貨或服務，廠商仍能透過不同質感、顏色、設計、附加功能、銷售條件或售後服務等方面的差異，

提升買方的認知，向買方強調自家產品與眾不同——這就是所謂的
產品差異化（product differentiation）。能成功做到產品差異化的的
賣方，就能擁有一群死忠的買方，進而用高於競爭者的價格，銷售
自家產品。只要是財貨、服務有產品差異化的市場，即使個別賣方
的市佔率低，它還是一個不完全競爭市場。

◇日本的市佔率案例

當前日本有許多廠商，生產各式各樣的財貨、服務。但嚴格說
來，日本幾乎任何市場是處於完全競爭的狀態。多數市場大概都不
脫以下這兩類：由少數賣方把持高市佔率，或以某些形式來進行產
品差異化。

我們不妨試著從生活周遭的財貨、服務，來舉出幾個高市佔率
（市場佔有率）的例子。例如日本家庭每天都在使用的電，幾乎是
每個地區各由一家廠商供應，東京電力、關西電力、九州電力等公

【表 5-1　日本國內市佔率（市場佔有率）數值示例】

連鎖漢堡品牌營收市佔率	（％）	連鎖咖啡館營收市佔率	（％）	噴墨印表機	（％）
日本麥當勞	75.8	羅多倫咖啡	41.2	精工愛普生	44.9
摩斯餐飲服務	13.5	日本星巴克	38.9	佳能	41.6
儂特利	4.7	UCC 集團	8.3	日本 HP	6.7
前三名合計	94.0	前三名合計	88.4	前三名合計	93.2

司，就是如此。換言之，它們在市場上都是獨占的狀態。其他還有很多你我熟悉的財貨、服務，雖然不至於像電力那樣獨占，卻也是由少數賣方掌握高市佔率的市場。以下的表 5-1 列出了其中的幾個例子。

日本漢堡市場由麥當勞掌握逾 75％的市佔率，已逼近獨占狀態。而很多消費者都知道摩斯漢堡在口味、服務上，都與麥當勞不同，因此產品差異化也已出現在市面上。至於連鎖咖啡館則是由羅多倫（Doutor）和星巴克分庭抗禮，各擁逾 40％的市佔率，堪稱是幾近雙占的狀態。而噴墨印表機的市場也是一樣，由精工愛普生（Seiko Epson）和佳能（Canon）各擁逾 40％的市佔率，市場近乎雙占。不論是哪一種類型，很多你我熟悉的財貨、服務市場，其實都可說是處於不完全競爭的狀態。有興趣的讀者，不妨再參考本章最後的參考文獻。

第 5 章

◇不完全競爭的弊病

在第四章當中，我們確認過一個概念：個別消費者、廠商自利的經濟活動，能讓整體社會達到有效率的資源分配。當時我們預設的前提，是「完全競爭市場」。當市場上出現對交易價格具影響力的賣方或買方時，自利的經濟活動就不會帶來有符合效率的結果。

這裡我們舉一個例子，假設廠商 F 獨占腳踏車市場，要把腳踏車賣給 A、B、C、D、E 這五位消費者。讓我們來看看 F 會有什麼行動。如果廠商 F 組裝一輛腳踏車的成本是五千日圓，此時一輛腳踏車賣五千圓，F 其實根本毫無（獲利）利潤可言，但在此我們就

【圖 5-1　獨占的例子】

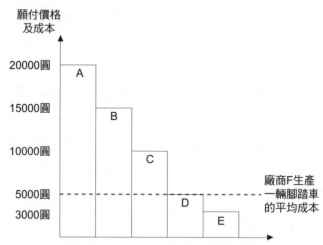

先以它願用五千日圓銷售來思考。另外，我們再假設每位消費者願
為購買腳踏車付出的上限金額，A 是兩萬圓、B 是一萬五千圓、C
是五千圓、D 是三千圓。圖 5 - 1 呈現了它們彼此之間的關係。

　　在這個條件下，對整體社會而言最有效率的經濟活動，也就是
能讓整體經濟剩餘極大化的活動，就是生產四輛腳踏車，以五千日
圓的價格，賣給 A、B、C、D 這四個人。此時，A 的消費者剩餘是
一萬五千圓，B 是一萬圓，C 則是五千圓。至於以願付價格買到腳
踏車的 D，和不買腳踏車的 E，消費者剩餘都是零。而 F 的利潤為
零，所以社會剩餘（social surplus）就是三萬圓。

　　然而，在沒有其他廠商競爭的情況下，在腳踏車市場獨占銷售
的 F，並不會做出這樣的選擇。F 只要生產兩輛腳踏車，把價格拉
高到一萬五千日圓，賣給 A、B 兩人，就能有兩萬圓的利潤。它如
果要採取自利的行動，應該會選擇這樣做才對。可是，這時的社會

專欄 5-1

專利制度與獨占

　　為追求更好的生活水準，人類必須不斷地研發新技術、新產品。大學和公部門的研究機構固然從事許多基礎科學的研究，但和你我生活直接相關的產品或技術，幾乎都是由民間廠商負責研發。這些廠商固然是為了追求自身利益——也就是為了利潤而進行研發，但它們研發的成果，為整個社會帶來了莫大的恩惠。然而，在鼓勵廠商研發與社會享受研發成果之間，其實有著相當複雜的難題。

　　讓我們以藥品為例來想一想。假設有某家廠商開發出了一款劃時代的藥品，而這家廠商可以選擇不公開製藥方法，並持續以高價銷售該款藥品，就能賺得相當可觀的獲利。可是這樣一來，社會上就只有少數富裕病患能享受到該款藥品所帶來的好處。當然，各位可能會認為：「最好讓其他藥廠也生產這一款藥品，壓低售價，讓更多人享受到它所帶來的福利。」但對於那家成功開發出新藥的廠商而言，這麼做會嚴重衝擊自家獲利，說不定連以往投注在研發上的成本都無法回收。

　　好不容易開發出了新藥，卻無法獲得鉅額利潤——這樣以後就沒有廠商願意再投入產品研發了。為了鼓勵廠商研發，並且讓研發成果能照亮社會每個角落，各國政府費心發展出的方法之一，就是「專利制度」。這項制度賦予研發出新產品的廠商一份權利，讓廠商得以獨家生產、銷售該產品。如果其他廠商也想生產、銷售同類產品，就必須向握有專利的廠商購買專利，或依產量多寡支付相對應的報酬（授權金）。

　　專利也可說是經政府正式認可的獨占。社會上經常批判獨占的弊病，但其實它有時也的確有存在的必要，像專利就是這樣的一個例子。不過，倘若專利的保護過了頭，廠商所得到的利益就會太多，使得社會享受到的福利變少，兩者之間很難取得平衡，所以迄今仍是一個廣受各界熱烈討論的重要議題。

剩餘只會有兩萬五千圓，所以相較於以五千圓銷售腳踏車的情況，對社會整體而言，這是個沒有效率的結果。

就如各位在這個例子當中所看到的，對交易價格有影響力的廠商，可以透過提高價格來推升自己的利潤。因此，即使是寡占而非獨占市場，廠商為追求更高的利潤，還是可以透過議定售價或整併事業，刻意避免彼此競爭。如此一來，廠商的利潤就會增加，但消費者的利益會因此而受損，所以就社會整體而言並不樂見。為避免這樣的情況發生，並促進市場合理競爭，全球很多國家都和日本一樣，設有「獨占禁止法」，也就是禁止廠商過度獨占的法令。

3. 外部效果

◇何謂外部效果

某個消費者或廠商的經濟活動，不透過市場上的交易，就能對其他消費者的生活滿足程度或廠商的生產效率帶來影響，我們稱之為「外部效果」或「外部性」。外部效果通常還會再進一步細分，對受到影響方有利的外部效果，我們稱之為「正的外部性」或「外部經濟」（external economies）；不利者則稱為「負的外部性」或「外部不經濟」（external diseconomies）。

◇外部效果的例子

　　某人為了自己欣賞，而在院子裡種了桂花樹。如果桂花香讓附近住戶和路人感到芳香怡人，那麼這就可以稱為是「外部經濟」或「正的外部性」；反之，乘客在電車裡高聲講電話，造成其他乘客不悅的例子，就可以說是「外部不經濟」或「負的外部性」。此外，大型超市開幕，帶動周邊出租住宅的入住率上升，也可視為是外部經濟（正的外部性）的案例；至於某家工廠排放廢水，導致周邊水域的漁獲量減少，則可視為是外部不經濟（負的外部性）的案例。

◇外部效果與有效率的經濟活動

　　當生產活動或消費活動具外部效果時，個別消費者和廠商的自利行為，就不會對整體社會帶來符合效率的結果。關於這一點，我們可以用一個簡單的例子來確認。

　　我們來看看「卡車加柴油行駛，運送貨物到各地」這個經濟活動對整個社會的影響。供給貨物運輸服務的廠商有生產者剩餘，使用貨物運輸服務的使用者有消費者剩餘，兩者合計應視為是社會效益（Social Benefit）──就像各位在第四章學過的「社會剩餘」一樣。然而，在這個例子當中，光是考慮這些因素還不夠，因為燃燒柴油會產生二氧化碳，它們是有礙健康的空氣污染物質，也是溫室氣體。這些是生產「貨物運輸服務」的過程中，伴隨而來的外部不經濟。因此，要算出真正的社會效益（社會淨效益），除了要計算因市場交易所生的社會剩餘之外，還需要考慮到因外部不經濟所造成的社會損失。有礙健康和環境污染等後果的嚴重性，很難用金錢衡量，

113

但在此我們就先當作這些社會損失的多寡都能用金額表示，再繼續往下探討。

　　當運輸服務造成空氣污染物質等外部不經濟時，整個社會因為這項服務的生產，而必須負擔的成本，光算因為環境污染所造成的社會損失，就已經超過廠商為生產所投入的私人成本。所以在圖5-2當中，代表社會邊際成本的直線，才會位在代表私人邊際成本的直線上方。這裡要特別留意的是：廠商不會考慮社會損失，所以會循私人邊際成本曲線來決定自家產品、服務的供給量，而不是社會邊際成本曲線。換句話說，我們可以把私人的邊際成本曲線，想成是廠商的供給曲線。

【圖5-2　外部不經濟與生產過剩】

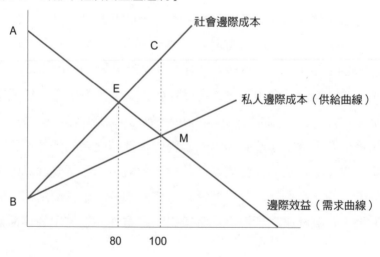

　　我們在前四章學過，只要讓每個消費者和廠商從自利心出發，決定自己該採取什麼行動，那麼交易就會在需求曲線和生產曲線交叉的 M 點時成立，故產量是 100。然而，它並不是能「讓社會淨效益極大化」的產量。通常邊際效益高於社會邊際成本時，社會淨效益會隨產量增加而增多；邊際效益低於社會邊際成本時，社會淨效益就會隨產量增加而減少。當產量為 100 時，社會邊際成本就會高於邊際效益。因此，我們可透過減少產量來提升社會效益。而讓社會效益極大化的產量，是代表社會邊際成本的直線，與代表邊際效益的直線（需求曲線）交會處 E，也就是 80。

　　邊際效益曲線和社會邊際成本所圍出來的面積，代表的就是在不同產量時的社會淨效益多寡。因此，三角形 ABE 的面積，就是產量 80 時的社會淨效益；而產量 100 時的社會淨效益，要用我們在第四章介紹過的社會剩餘，也就是三角形 ABM 的面積，減掉因外部不經濟所帶來的社會損失，也就是三角形 BCM 的面積。由此可知，消費者和廠商做出自利選擇的結果，導致生產過剩，會衝擊三角形 CME 所代表的淨效益。

第 **5** 章

4. 公共財

◇私有財與公共財

在財貨、服務當中，有些僅是消費者或廠商各自使用，例如麵粉；也有些是能讓全體國民等群體受惠，例如本國與外國的邦誼，也就是外交關係融洽等。不同的財貨、服務，究竟是因為具備哪些特色，才會出現上述這樣的差異呢？

麵粉與外交之間的差異之一，在於它們是否能讓多數消費者或廠商，於相同條件下，同時享受到它們所帶來的效益。舉例來說，假設有一個人用 1 公斤麵粉作出了麵包。這些麵粉當然無法再供其他消費者或廠商，轉作其他目的之用，畢竟不可能讓好幾個消費者或廠商都享受到同一批麵粉所帶來的效益。然而，外交關係可不是如此。假設他國對日本民眾的待遇，因為日本政府在外交上所做出的努力而變好了。那麼這些效益，不會因為某個日本人享用過，就讓其他日本消費者或廠商所享受的禮遇變薄。因此，眾多消費者和廠商，皆能同時享受到外交政策所帶來的效益。

麵粉與外交之間還有一個差異，在於是否難以阻止不付費的人從中獲益。麵粉可由付費買下的人管理，不供他人使用，這一點非常容易；但沒繳稅的人同樣能從外交關係中受惠，想阻止他們獲取外交所帶來的效益，反而要付出很大的成本。

像麵粉這種一經使用就失去效益，且能輕易地讓未付費者無法享受其利的財貨，我們稱之為「私有財」；相對的，像外交這種能在同樣條件下，同時讓許多消費者、廠商受惠，且難以阻止未付費者從中獲益的財貨與服務，我們稱之為「公共財」。

專欄 5-2

公共財的性質與財貨分類

在正文當中只說明了私有財和公共財，其實也可以用財貨、服務的兩項特質，將它們分成四大類——這兩項特質就是「敵對性」（rival）和「排他性」（excludable）。

所謂的敵對性，就是「一經使用，他人就無法再從同一份財貨當中受惠」的特質。這樣一來，當有好幾個人想從這份財貨中受惠時，就必須「相互競爭」。各位只要想想橘子或蘋果，就能明白這個概念，因為這些食品類的消費材，都具有「敵對性」；反之，也有像電視節目播放訊號這樣的服務，就算隔壁鄰居用三台電視機收看，我們仍能以同樣的畫質、聲音，欣賞家裡那台電視機播放的節目。而這樣的財貨、服務，我們會說它是「無敵對性」或「非敵對性」（non-rival）。

至於所謂的排他性，則如字面上所示，就是「可阻止他人消費或使用該項財貨、服務」的特質。例如當我們在家中使用電腦時，幾乎可以不必擔心鄰居也在使用同一台電腦。這時我們就可以說：這台電腦是有排他性的財貨。不過，用同一台電腦「上網搜尋」，就是一項很難阻止他人使用的服務。換言之，我們可以說上網搜尋是一項無排他性、或說是非排他性（non-excludable）的服務。

【表 5-2　財貨的分類】

		排　他　性	
		有	無
敵對性	有	私有財 例：麵粉、牛仔褲	共有資源 （common resources） 例：漁業資源、森林
	無	俱樂部財 例：電影、有線電視	公共財 例：外交、氣象預報

> 　　我們用表 5-2 整理了四種財貨分類。鮪魚等漁業資源，因為很難防止他人濫捕（非排他性），近來資源量銳減已成一大問題——像這種一經捕撈就沒有（敵對性），卻無法阻止他人捕撈的資源，我們稱之為共有資源（common resurces）；相對的，可透過收取入場費或會費等方式限制使用（具排他性），但只要獲准使用，服務品質幾乎可以維持在一定水準（非敵對性）的，我們稱之為俱樂部財（club goods）。

◇公共財與供給不足

　　若任由消費者和廠商從事自利行為，大家就會在公共財的生產、消費上互相推諉，而出現搭便車（free ride）的狀況。結果將使大眾需要的公共財無人供給，或有供給但數量不足，導致社會無法走向理想的狀態。因此，中央和地方政府會考量全體國民或在地民眾等大眾的利益，出手介入供給。下面就以設置公園為例，提出幾個簡單的數據，來和各位一起想一想。

　　假設 G 地區的居民有 300 戶，市政府徵收了一塊原本設有工廠的土地，但尚未有效活化，因此目前正評估是否在這塊土地上闢建複合式公園。

　　首先要有多一點綠地空間，讓民眾可以親近大自然；接著還要設置可進行各項體育活動的多功能運動廣場；另外還要打造可供戶外演唱會之用的集會廣場。以上是公園主要的規劃內容，建置成本預估為 6 千萬日圓。

　　對民眾而言，公園的價值多寡，想必每個人心中都各有一把不

同的尺。這個地區有 300 戶，我們就假設民眾的願付金額各不相同，有 100 戶認為值 30 萬，還有 100 戶認為值 50 萬，剩下的 100 戶認為值 100 萬。而公園就算由多人共用，也不會對每一個人所享受到的效益造成太大影響。換句話說，公園就是公共財，而這些家戶的願付金額加總起來是 1 億 8 千萬日圓，所以公園的價值遠超過它的建置成本，推動建置計劃應該是個合理的決定。我們將這段描述，整理如表 5-3。

【表 5-3　願為建置公園付出的金額】

願付金額	家戶數	願付金額小計
30 萬日圓	100	3 千萬日圓
50 萬日圓	100	5 千萬日圓
100 萬日圓	100	1 億日圓
合　　計	300	1 億 8 千萬日圓

第5章

　　問題在於要如何收取建置費用。舉例來說，如果一律向這 300 戶收取 20 萬日圓，總共會有 6 千萬日圓，就足以支應公園的建置費用。這時，即使是對公園評價最低的家戶，也有十萬圓的剩餘，因此對所有家戶來說，應該都是很划算的一項措施。可是，這些家戶給公園的評價，不見得每一戶都是據實以告。公園既然是公共財，在建置完成後，不論民眾是否曾負擔建置成本，每個家戶都能享受它所帶來的效益。因此，只要民眾假裝自己對公園的評價很低，讓別人多負擔一些建置成本，自己就能賺一筆橫財。如果大家都只想自私自利，那麼就人人都只想當搭便車者了。到頭來根本沒人主動出面付擔成本，甚至可能無法建置完善的公園，或者整個計劃直接胎死腹中。

5. 結 語

在本章當中，我們學到：讓每個消費者和生產者都依自利動機採取行動，可能無法對整個社會帶來符合效率的生產與消費。我們在第四章學過的市場效率，這時完全發揮不了它的功能，因此我們稱之為「市場失靈」。造成市場失靈的原因，有獨占、外部效果、公共財、資訊不對稱。而在本章當中，我們探討了獨占、外部效果和公共財這三項，也了解它們其實都存在我們生活周遭。

一般認為，市場失靈是政府決定透過稅制、補助和法律規範等方式介入民間經濟活動，或主動提供社會資本、公共服務的根據之一。然而，也有人提醒：當政府的動作過大時，恐導致社會整體的生產、消費效率惡化。政府的角色究竟該介入多深，是一個必須審慎評估的議題。

❓ 動動腦

1. 麥當勞在漢堡業界已是近乎獨占狀態。試想若我們將市場的範圍擴大到速食業界、外食市場，它是否仍為獨占廠商？另外，也請再想想還有沒有其他類似的例子？

2. 只要電腦的性能提升，市面上就會開發出更高階的電腦軟體。反之，高階的電腦軟體開發問市，能刺激市場對進階電腦的需求。因此，電腦產業與軟體　產業之間，可說是對彼此都有正的外部性。試想還有沒有其他類似的例子？

3. 除了外交和公園之外，請再想想公共財的其他例子，並思考當中是否發生了搭便車的現象。

第 **5** 章

參考文獻

奧野正寬（編著）《個體經濟學》東京大學出版會，2008 年。

岸本哲也《公共經濟學（新版）》有斐閣，1998 年

日經產業新聞（編）《日經　市場佔有率（2010 年版）》日本經濟新聞出版社，2009 年。

進階閱讀

《經濟學入門》（第 4 版），伊藤元重著，日本評論社，2015 年。

《公共經濟學》（Economics of the Public Sector）（第 2 版，上、下），約瑟夫・史迪格里茲（Joseph Stiglitz）著，藪下史郎譯，東洋經濟新報社，2003、2004 年。

《個體經濟學 I II》，八田達夫著，東洋經濟新報社，2008、2009 年。

第 6 章

市場的極限

序章
第 1 章
第 2 章
第 3 章
第 4 章
第 5 章
第 6 章
第 7 章
第 8 章
第 9 章
第 10 章
第 11 章
第 12 章
第 13 章
第 14 章

1. 前言

　　你我每天都在市場這個舞台上，從事各種經濟活動。自由競爭市場備有一套機制，當商品的需求和供給不一致時，就會透過價格的變化來讓它們趨於一致：當賣方供給到市場上的商品數量，大於買方的需求量時，商品的價格就會下跌；若商品需求量大於供給量時則相反。這個過程會一直持續到供需達一致，也就是市場達到均衡的狀態。於是賣方和買方都能以市場均衡的價格，買到或賣掉彼此期望的數量。況且在市場達到均衡時，他們的總剩餘會極大化，也就是會達成資源的有效配置。我們會認為市場經濟是理想狀態，就是因為市場當中，有這一套名叫「市場機能」的功能在運作。

　　然而，有時即使市場上自由地交易往來，仍無法達到資源的有效配置，例如發生「資訊不對稱」時，就是如此。若要市場發揮我們期望的那些功能，前提是要讓每個參與市場交易的人，都掌握相同的資訊。可是，不見得每個市場參與者都握有相同的資訊。只要賣方知道自家商品有缺陷卻刻意隱瞞，買方就無法與賣方掌握相同的資訊，導致賣買雙方之間出現資訊不對稱。

　　此外，還有市場機能解決不了的問題，例如所得分配不均和貧窮等。每個人運用自己的能力和機會所做的勞動，價格也可能有高有低。即使這樣的所得差異所造成的社會貧富不均與貧窮，市場機能也不會將所得分配調整至公平水準。就算市場充分發揮它該有的功能，仍舊無法解決所有的社會課題。在本章當中，我們就要來探討資訊不對稱、所得分配不均與貧窮——它們都是單憑市場之力難以解決的問題，也就是市場的極限。

2. 資訊不對稱

　　當從事財貨、服務交易的人，未分享交易的相關資訊時，我們就會說這中間有資訊不對稱。在這樣的情況下，即使市場上可以自由交易，賣方和買方卻不一定能因而受惠，甚至可能造成市場瓦解。以下為各位介紹資訊不對稱當中最具代表性的情況——逆選擇（adverse selection）和道德風險（moral hazard）。

◇逆選擇

　　逆選擇有很多知名的例子。美國經濟學家喬治‧艾克羅夫（George Arthur Akerlof）在論文中舉了一個中古車的例子，非常有名。以下就借用他的這個例子，來為各位說明。

第6章

　　相較於新車，中古車有品質瑕疵的機率相對偏高。而中古車的賣方，其實對手邊這些車的現況，以及有無發生過故障、事故等，都很清楚。尤其專賣中古車的車商，更會透過專業的調查手法，掌握車輛品質優劣（品質差的中古車被稱為「檸檬」）。而買方雖能透過試乘等方式來確認車況，但很難像賣方了解得那麼透徹。可是，市面上銷售的中古車良莠不齊，平均品質偏低，也是眾所皆知的事實。因此，買方會認為自己有意購買的，說不定也是品質欠佳的中古車，就算是優質的中古車，也只打算用便宜的價格購買；賣方也會在碰到等級較差的中古車時，設法把產品放到市場上低價銷售，品質較佳的中古車，就一定要等到價格夠高才肯賣。在這樣的狀態下交易，中古車的價格當然會走跌。價格一走跌，賣方就更不願意釋出優質商品，於是市場上的劣質車（檸檬）會變多，而買方就會

買到這些劣質車——換言之,買方會做出與原本期望背道而馳的決定。至於優質中古車則無法在市場上順利交易買賣,市場甚至可能就此瓦解。

在現實世界裡,我們還可以想到很多「逆選擇」的場景。例如在保險市場上,賣方是保險公司,銷售「保險」這項商品。他們有可能因為對買方——也就是保戶(要保人)的資訊不足,而導致逆選擇,立場和中古車市場正好相反。

當我們投保並繳納保費後,就能在發生意外事故時獲得各項保障。以車險為例,如果駕駛有投保,萬一肇事不幸需要賠償時,保險公司就會提供理賠。然而,並非每位駕駛人都懂得注意安全、小心駕駛,有些駕駛人的確比較容易肇事。因此,保險公司會預設所有要保人的平均駕駛水準,會比所有駕駛人都謹慎駕駛時低,並據此設定較高保費。當保費設定偏高時,對小心駕駛的駕駛人而言,它就成了一筆不划算的大開銷,於是便選擇不投保。換句話說,優質保戶會選擇離開市場,而會投保的,就只剩下那些肇事機率偏高的駕駛。這時保險公司只要算算車禍事故時的理賠,就知道無法再繼續提供這項保險商品了。

難道沒有辦法解決可以這樣的問題嗎?我們可以想到的方法,是敦促握有資訊者向他人公開資訊,或由缺乏足夠資訊的一方要求握有資訊者公開他們隱而不宣的內情。這些解決方案,我們稱之為「訊號發射」(signaling)或「篩選」(screening),目前在社會上很常使用。

◇道德風險

我們再來看看另一個例子。投保火險的保戶當中，有些人會認為「反正有保險，出事保險公司會理賠」，便鬆懈了對火災的警覺；甚至可能還有惡劣保戶，會為了詐領保險金而蓄意縱火。保戶當然知道自己採取這些行動時，心裡打的是什麼算盤，但保險公司卻很難掌握這些資訊。若許多保戶都因為疏於預防而遭逢祝融之災，理賠金額不斷攀升，保險公司的負擔就會越來越沉重。如此一來，保險公司就會調高保費，導致注重防災的人必須繳交更多保費才能享受保險保障，於是便選擇不再投保，恐導致保險市場瓦解。

諸如此類的問題，我們稱之為「道德風險」。保險交易的當事人之一：保戶的合理行為，可能會對他方當事人，也就是保險公司造成不利，但保險公司卻無從掌握保戶的行為。

我們再用一個發生在公司老闆和員工之間的例子來想一想。公司雖然會有短期的業績變動，但為穩定員工的生計，還是會固定發放一定程度的薪資。

老闆期望員工能認真工作，推升公司業績。可是，或許會有部分員工抱持「反正薪水都一樣，工作何必太認真」的心態。於是在外拜訪客戶的業務員，就會在非經公司許可的時間休息開小差；內勤員工會在上班時間規劃下班後要去哪裡玩樂。老闆很難全面掌握每位員工的工作狀況。

公司裡有這樣的員工，業績就會下滑。混水摸魚的員工，卻和認真工作的好員工領同樣薪水，等於公司付了太多薪水給那些做事敷衍隨便的人。碰到這種情況時，想必公司就會考慮減薪，而認真工作的員工，可能會對工作失去熱情，開始跟著草率敷衍，或是選

第**6**章

專欄 6-1

訊號發射與篩選

　　面對逆選擇，訊號發射與篩選是比較為人所知的兩套解決方案。逆選擇會在商品交易的一方當事人握有交易相關資訊，而另一方沒有時發生，於是設法讓那些未經分享的資訊攤在陽光下，就成了面對逆選擇時的解決方案。

　　解方之一是由握有資訊者公開資訊，也就是發射「資訊」這個訊號，我們稱之為「訊號發射」。對握有資訊的一方而言，公開資訊能讓自己得利。以中古車買賣為例，賣方為了讓買方知道自家中古車品質精良，會大力宣傳自己的成交績效和口碑等訊息，以便向買方傳達「我是值得你信賴的賣家」。此外，業者還會主動接受第三方機構的評鑑，並主動告知評鑑內容，或在銷售時附上保證書。

　　還有一個方法，就是由缺乏足夠資訊的一方，要求握有資訊者公開他們隱而不宣的內情，我們稱之為「篩選」。例如汽車事故及火災等保險商品，保險公司很難掌握要保人的肇事率高低，於是便推出了「保費低，但發生事故時非全額理賠」和「保費高，事故時全額理賠」的商品。如此一來，易肇事者應該就會投保保費較高的保險；不易肇事者則會投保保費較低的保險。而保險公司則可透過這兩種保險商品，掌握保戶類別資訊。至於中古車買賣的例子，買家可要求請懂車的專家或第三方機構來檢查車子，看賣方是否願意接受，就可從中了解賣方的可信度。

擇另謀高就。看看你我生活周遭，是不是有很多這種道德風險的例子呢？各位不妨張大眼睛找找看。

　　在現實生活中，也對這種道德風險拉起了防線。以保險為例，有些保單會加入免責條款。只要火險當中有免責條款，即使保戶因

為火災而蒙受損失，保險公司只會針對超出免責金額的損失提供理賠，免責範圍內的部分必須由保戶自行負擔，未逾免責金額的災損，保險則完全不予理賠。因此，保戶萬一遭逢祝融之災，還是必須自行負擔部分損失——保險公司透過這樣的作為，讓保戶心生「要小心用火，以免引發火災」的誘因（incentive），以防範道德風險。車險等其他保險商品也都導入了免責機制，發生意外時，就算保險公司會理賠，保戶還是必須自行負擔部分損失。

在汽車保險當中已透過一些方法，例如在一定期間內無肇事紀錄者，可享保費優惠等方式，讓駕駛人小心駕駛、避免肇事。

至於在員工的道德風險上，則運用了更能反映工作成果、更有誘因驅動員工努力工作的薪資體系等方式。此外，調高薪酬就能吸引優秀人才為公司效力，因此公司也可以為員工設定更優渥的薪資。如此一來，優秀員工的工作績效就能獲得相對的回饋，發揮留才的效果。而那些工作不夠認真努力的員工，如果因為混水摸魚曝光而丟了飯碗，損失會相當慘重，所以也會成為驅使他們認真工作的誘因。

◇「資訊不對稱」的因應極限

逆選擇和道德風險等問題都有解決方案，但並不能完全防堵。假如保戶即使在有自負額的情況下仍想領取理賠，那麼就算有免責條款，保險還是可能遭到濫用；同樣在職場上，還是可能有人甘冒丟掉飯碗的風險，也想輕鬆坐領高薪。要保險公司或企業主一一揪出這些人，恐怕還是有它的極限。

想讓資源在市場機能的運作下獲得有效率的分配，就必須讓每個市場參與者都掌握相同的資訊。但就市場上的交易而言，有些的確是很難做到這一點。

3. 市場機能與所得分配

市場機能還有一個無法妥善解決的問題，那就是眾所皆知的分配不均與貧窮。

勞動市場會決定多少薪酬該付出多少勞力。勞工和廠商以給付的薪資為基礎，銷售（供給）或購買（需求）符合自己要求的勞動力。即使是在勞動市場上，只要市場交易有競爭，市場機能仍會運作。只不過，勞動市場上的交易結果，不見得一定會帶來公平的所得分配。每位勞工領到的薪資不盡相同，從事需要高度技術、專業的工作，或必須具備特殊認證才能勝任的工作，這些勞工因為在同樣工時之下，所生產的產品價值較高，因此薪資會比從事其他工作的勞工來得更高。

「薪資差距」這件事，是市場交易競爭之下的結果，說是無可奈何也不為過。然而，它有時其實也是家長財力與教育水準等家庭環境，還有與生俱來的才華，甚至是運氣等條件所導致的結果。而這些條件不僅我們自己難以掌握，更難以設法達到平等。即使市場公平競爭，還是會出現這種所得分配不均的現象，而市場機能並不會解決諸如此類的問題。所得落差越大，越會釀成所得分配不均和貧窮。在本節當中，就讓我們來探討這些問題。

◇分配不均與貧窮

　　所得分配不均與貧窮的惡化，並非社會所樂見。它們會威脅民眾安居樂業的生活，導致社會動盪不安。政府要發揮的功能之一，就是要防止所得分配不均與貧窮，讓民眾即使貧窮，仍能保有最低限度的生活水準。為此，政府要在稅制與社會保障制度設計上運用巧思，才能從富裕的民眾身上多收稅，給付給困苦的民眾，藉以進行所得再分配。

◇所得分配不均擴大

　　橘木俊詔在《日本的貧富差距》（岩波書店，1998 年）一書中，指出日本自一九八〇年代起，所得分配就已呈現不均。而這個論述成了一個契機，促使日本社會自一九九〇年代後半起，開始討論日益嚴重的貧富差距問題。之後，包括大竹文雄的《日本的分配不均》（日本經濟新聞社，2005 年）在內，很多人都投入了這個問題的研究。

　　在探討貧富差距時，首先要考慮的問題是所得分配平均與否。長期所得分配不均，還會導致財產的分配不均。這裡我們就針對所得的議題，來進行討論。

　　在討論所得分配不均時，必須先釐清究竟該怎麼量測所得分配，此時我們常用的一個指標是「吉尼係數」（Gini coefficient）：當所有人的所得都相同，也就是完全平等的狀態下，吉尼係數就是 0；當所得被某一個人獨占，導致其他人沒有所得，也就是完全不平等的狀態時，吉尼係數就是 1。所得分配越不均，吉尼係數就會

第6章

越趨近於 1。簡而言之，吉尼係數就是用 0 到 1 之間的數值，來呈現分配不均程度高低的一項指標。

圖 6-1 是參考日本厚生勞働省的「所得再分配調查」，所繪製的日本吉尼係數變化圖。「原始所得」指的是稅前所得，包括工作的薪資所得、經營事業所得、利息、保險理賠等收入；「再分配所得」指的是用原始所得減去稅賦、社會保險，再加上政府的各項年金、失業給付，還有給中低收入戶的生活費補助等，也就是實際可支配的所得。

在圖 6-1 當中，日本的吉尼係數自一九八○年代起就一路攀升，尤其是原始所得的吉尼係數，更是自九○年代後期就呈現明顯的上升趨勢。從這樣的走勢，可看出日本社會所得分配不均的情況正日益惡化。此外，根據比較全球各國吉尼係數的統計資料顯示，日本自二○○○年代初期起，吉尼係數在全球已開發國家當中就處於偏高的水準。

根據大竹文雄的研究顯示，日本吉尼係數走高的原因，主要是受到高齡化程度不斷加劇的影響——隨著年齡增長，學歷、任職企業規模，以及晉升快慢等因素，都會拉大所得差距。除此之外，女性的工作型態變遷，以及家庭結構的轉變等，也都是造成吉尼係數上升的原因。也就是說，和高所得男性結婚的女性，婚後繼續工作的比例升高，使得由高所得男性與高所得女性所組成的高所得夫妻變多了。據指出，從職場退休、所得偏低的高齡家戶，因為與子女不同住等因素，拉大了社會上的所得差距。

【圖 6-1　日本的吉尼係數推移】

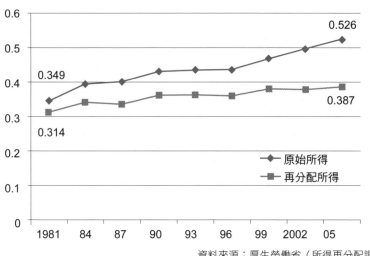

資料來源：厚生勞働省〈所得再分配調查〉

◇貧窮問題的蔓延

　　近年來，除了所得分配不均逐漸擴大之外，日本社會也很關注貧窮問題。貧窮會把人隔絕於社會生活之外，甚至會讓人曝露於生存危機之中。借用貧窮問題專家岩田正美的說法，就是讓人處於「不該有」的狀態（《現代貧窮》，筑摩書房，2007 年）。這裡我們就聚焦在「如何看待日趨嚴重的貧窮問題」，來做更進一步的探討。

　　所謂的「貧窮」，就是處於無法確保最低限度生活所需的糧食和住所，堪稱是已面臨生命危險的狀態。我們把這種狀態稱為「絕對貧窮」（Absolute Poverty）。而在你我所處的社會當中，一般普遍認為只要生活水準降到某個程度以下，就無法擁有一些該有的東西，或無法經常性的與人交流，陷入被隔絕於社會之外的狀態。換句話說，作為社會的一員，要過著不感羞恥的生活，需確保最低限

133

專欄 6-2

羅倫茲曲線與吉尼係數

下表呈現的是 P 鎮和 Q 鎮居民的所得。兩個小鎮的人口都是 5 人，所得總和是 100。可是，在 P 鎮上，所得最高和最低的人，所得差距是 55；且所得最高者的所得，比其他四位所得較低者的所得加總還多。而在 Q 鎮上，所得最高和最低的人，所得差距是 14。若要説哪個小鎮的所得分配比較平均，想必各位一定會選 Q 鎮。所得的分配平均與否，只要像這樣畫出圖表，就能一目瞭然。

【表 6-1　P 鎮和 P 鎮的民眾所得】

P 鎮

所得	5	8	12	15	60

Q 鎮

所得	14	16	18	24	28

先將所得由低至高排列，再分別計算至所得最低者、至所得次低者……至所得第五低者之累計所得總和，在全體所得總和當中所佔的百分比；接著再分別依序算出截至各排名的人數總和，在總人口數當中所佔的百分比。再以前者為縱軸，後者為橫軸，畫出兩個小鎮的所得圖表，如圖 6 - 2、圖 6 - 3 的實線部分。這兩條曲線，我們稱之為「羅倫茲曲線」（Lorenz Curve）。

當全體居民的所得越均等，羅倫茲曲線就會越趨近兩張圖上用虛線畫的那條 45 度線。當全體居民的所得完全相同，達到所得分配完全均等的狀態時，羅倫茲曲線就會像那條虛線一樣，成為 45 度線。

當所得分配不均擴大時，羅倫茲曲線就會如圖 6 - 2 所示，往右下方大幅彎曲。換言之，45 度線和羅倫茲曲線之間這塊「A」，在 45 度線以下區域所佔的面積占比越高。吉尼係數就是用這樣的型態，來呈現所得分配不均的程度多寡。

若以羅倫茲曲線下方的面積為 B，那麼吉尼係數就是 A 面積在 A、B 面積總和中的占比（與 A 面積的兩倍同值）。因此，吉尼係數會是

介於 0 和 1 之間的數值，所得完全均等時為 0，所得越不均，吉尼係數越接近 1。實際計算過後，可得知 P 鎮的吉尼係數為 0.468，Q 鎮為 0.144，所得分配較不平均的是 P 鎮。

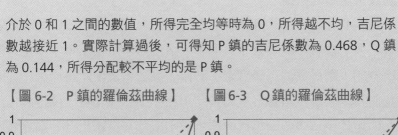

【圖 6-2　P 鎮的羅倫茲曲線】　【圖 6-3　Q 鎮的羅倫茲曲線】

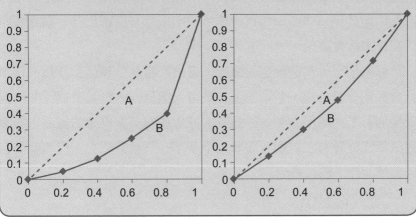

度的生活水準。而未達這種生活水準的狀態，我們就稱之為「相對貧窮」（relative poverty）。

　　任一種貧窮狀態的判定，都需要一套標準，低於標準者就列入貧窮。而這一套標準，就是所謂的「貧窮線」。以絕對貧窮為例，一般普遍使用的是世界銀行所發表的國際貧窮線，這項指標於二○○八年已修訂為每日 1.25 美金。至於相對貧窮的部分，則是將該國民眾的所得由高至低排列，以排列在最中間的所得（中位數）之 50％為常用指標。附帶一提，二○○六年日本的貧窮線是 114 萬日圓。而在貧窮線以下的人口數佔總人口數的比例，就是所謂的相對貧窮率。其他還有一些指標可以用來量測貧窮程度，但貧窮率是

目前最常使用的指標之一。

圖 6-4 呈現了日本相對貧困率的變化。日本在二〇〇九年政黨輪替之後,政府才開始公布貧窮率。這個數字,是用日本厚生勞働省所做的「國民生活基礎調查」數據,減去可支配所得而來。從圖中我們可以發現,儘管日本的貧窮率在二〇〇三年曾一度下降,但自九〇年代至二〇〇〇年代中期,貧困率都在持續上升,顯見貧窮正在日本社會蔓延。

專家指出,貧窮蔓延的原因,是由於自九〇年代初期起,日本社會長期景氣低迷,薪資凍漲,失業人數攀升,以及派遣等非典型就業的勞工大增所致。一般認為,像這些非典型就業的勞工,即使在景氣大好時有工可做,薪水也不多;一旦景氣惡化,他們就很容易丟掉飯碗,跌入貧窮。

【圖 6-4　相對貧窮率的推移】

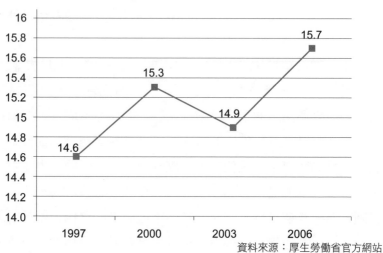

資料來源:厚生勞働省官方網站

◇貧富差距的因應之道

政府為致力改善所得分配不均與貧窮等問題，防止國人的貧富差距擴大，會擬訂相關稅制與社會保障制度，期能促進所得再分配。儘管各界已指出這些措施對於需要扶助的弱勢族群是否足夠，制度是否能妥善運作等問題，但在政府所提供的經濟生活保障制度下，低收入可獲得生活、住宅和教育等補助，以維持最低限度的生活水準。此外，針對兒少、老人和身心障礙者等需要社會協助的族群，政府也規劃了社會福利制度。

這些政策並非專為那些沒有所得、資產的人所設，對富裕族群而言，萬一遭逢不幸時，這些制度也能發揮保險的功能，減少可能造成社會動盪的因素。而跌入貧窮的人，也能因為政府的援助，而得到重新站起來的機會。如此一來，也可望能活化社會。不過，憂心民眾過於依賴這些再分配政策，降低民眾勞動意願的聲浪，在社會上也不容小覷。市場機能解決不了的所得分配問題，要如何在不減損社會活力的情況下進行改善，是政治、經濟上最重要的課題。

第6章

4. 結語

在本章當中,我們探討了市場機能解決不了的兩個問題:一個是因為在市場參與交易者之間的資訊不平等,所引發的逆選擇和道德風險等問題;另一個是即使在自由競爭市場中交易,仍會衍生的所得分配不均與貧窮問題。這些都是經濟學上重要的研究課題,也是學習經濟學的人必須隨時考量的問題。甚至不只是經濟學,如果再從社會學、法學等相關領域的觀點來探討,就能看到它們更多不同的面向。

本章只舉了幾個例子來輔佐說明,但無論是資訊不對稱、所得分配不均或貧窮,在現實生活的各種場景中,我們都有機會碰到和它們相關的問題。就某個層面來說,市場機能不見得一定能順利運作的現實,其實就擺在我們的眼前。我們該如何看待這樣的情況呢?在下一章當中,我們要以「勞動市場」為舞台,來探討這個問題。

❓ 動動腦

1. 除了正文中所舉的例子之外，再想想還有沒有逆選擇和道德風險
的例子，以及有哪些防範的機制。

2. 查閱報章雜誌等資料，整理出年長者、年輕人等各世代的所得分
配不均與貧窮蔓延狀況，想一想它們背後的原因何在。

3. 查一查政府為防止貧富差距擴大，祭出了哪些政策，並試想這些
政策的功能與問題點何在。

參考文獻

《日本的分配不均》，大竹文雄著，日本經濟新聞社，2005 年。

《日本的貧富差距》，橘木俊詔著，岩波書店，1998 年。

第 **6** 章

進階閱讀

《現代貧窮》，岩田正美著，筑摩書房，2007 年。

《資訊不對稱的經濟學》，藪下史郎著，光文社，2002 年。

第 7 章

勞動市場

序章
第1章
第2章
第3章
第4章
第5章
第6章
第7章
第8章
第9章
第10章
第11章
第12章
第13章
第14章

1. 前言

在本章當中，我們要以勞動市場為例，更具體地來探討市場的功能與其極限。如果各位在打工，或已經在找工作，應該會對勞動市場備感親切才對。

在勞動市場上，交易的是勞務。廠商需要有勞動力，才能進行生產活動。它們會透過支付工資來購買（需求）勞務，但買的並非「勞工」本人（否則就成了人口販運），而是勞工的勞力（勞務）。另一方面，家計單位則是向廠商提供（供給）勞務，藉以領取工資。進行上述這些交易的市場，就是勞動市場。舉凡在便利商店站收銀，在搬家公司搬運貨物，或是在補習班教學等勞動，都是在勞動市場上交易。這裡要提醒各位留意的是：在財貨市場上，通常各位都是購買財貨，也就是需求方；但在勞動市場上，各位是銷售勞務，也就是供給方。我們把財貨的價值稱為「價格」，而勞動的價值就稱為「工資」。而在財貨市場成交的數量稱為交易量，在勞動市場則稱為勞動僱用量。

在本章當中，首先我們要來看看勞動市場上的工資與勞動僱用量是如何訂定出來的。勞動市場和我們前面學過的市場一樣，也可在均衡的狀態下，達到最有效率的資源配置與社會福利的極大化。然而，市場畢竟不是完美的。獨占力（monopoly power）的存在會拉低工資，現實社會還有失業問題。此外，市場上通常難以達成所謂的公平。本章後半會介紹目前勞動市場上各種不公平（差異）的現況，並探討政府如何透過政策來解決這些差異問題。

2. 勞動市場的功能與極限

◇勞動市場的均衡

　　讓我們來想一想由工資與勞動供給量所構成的關係，也就是勞動供給曲線的問題。各位都是提供勞務的供給者，勞動供給曲線呈現了工資與各位的工作意願之間的關係。當工資越高，想必各位的工作意願也會隨之提升。因此，在圖 7-1 的平面上，勞動供給曲線會往右上延伸。接著再看看由工資與廠商所構成的勞動需求關係，也就是勞動需求曲線的問題。當工資越貴，廠商僱用勞工的意願就會降低，因此勞動需求曲線就會往右下延伸。於是勞動市場就和財貨市場一樣，可畫出往右上延伸的供給曲線，和往右下延伸的需求曲線相交如圖 7-1。供給曲線和需求曲線的交點，代表的就是市場均衡。在市場均衡的狀態下，自然就會訂定出均衡工資和均衡勞動

【圖 7-1　勞動市場的均衡】

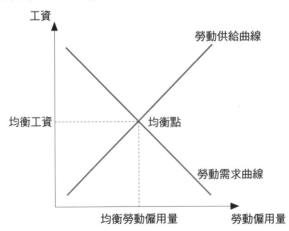

僱用量。在市場均衡的狀態下,願以均衡工資工作的人,都已獲得工作;願以均衡工資僱用人力的廠商,也都已如數聘得員工。

◇失業

前面我們用了「在勞動市場上,有工作意願的人都已獲得工作」之類的描述——在圖 7-1 所呈現的「市場均衡」狀態下,這個論述的確沒錯,但現實社會真的是這樣嗎?真的沒人是有工作意願卻無法的嗎?

當工資過高時,有工作意願的人,數量就會比廠商有意僱用的人更多。在圖 7-2 當中,B 是在高於均衡工資水準下有意工作的人數,而廠商有意僱用的人數則以 A 來表示。B 會大於 A,B 與 A 之差,就是有工作意願但無法謀得工作的人——這種狀態我們稱之為失業(非自願性失業)。當有人失業時,市場應該會發揮它的功能,

【圖 7-2 失業的成因】

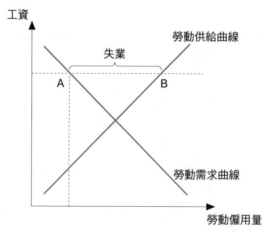

專欄 7-1

名目工資與實質工資

當勞動市場出現失業時，為什麼工資降不下來呢？讓我們來思考一下這個問題。圖 7-1 上只寫了「工資」二字，但廠商用來決定勞動需求的，不是用金錢衡量的名目工資（Nominal wages），而是以財貨衡量的實質工資（real wages）。廠商在決定是否聘雇人力時，不僅要衡量勞工的工資金額，廠商銷售的財貨能以什麼價格賣出，也是一個非常重要因素——只要廠商銷售的財貨價格越低，即使在工資金額維持不變的情況下，廠商仍會認為（實質）工資金額過高，不加聘人手。除非實質工資降低，否則廠商就不會增加勞動需求。

前面我們用過「失業者堅決抗拒降低工資水準，於是就找不到工作了」這樣的描述。即使勞工抗拒降低工資水準，他們會與廠商談判的，通常是以金錢衡量的「名目工資」，例如時薪再加 10 日圓，或是維持現狀等。勞工在意的工資，是以金錢衡量的名目工資（單位是圓）；而在決定勞動需求之際，廠商所銷售的財貨價格也很重要。可是財貨的價格是由財貨市場決定，勞工不會和廠商協商財貨的價格。

當勞動市場上出現失業時，我們假設失業者不堅持頑強抵抗，願意接受名目工資水準降低。此時若財貨市場處於需求不足的狀態，財貨市場上的市場機能，會讓財貨價格下跌。對廠商來說，自家販售的財貨價格下跌，意味著獲利降低；名目工資降低，則有助於提升公司的獲利。如果財貨價格的跌幅大於名目工資的降幅，廠商就會拿自家銷售的財貨與工資相比，認為工資太高。如此一來，即使名目工資再怎麼降低，以財貨價格衡量的實質工資還是不會下降，所以勞動需求就不會增加。因此，在勞動市場出現失業的情況下，只有勞工願意接受較低的名目工資，勞動需求並不會增加，還需要創造財貨需求，撐起財貨買盤，控制財貨價格的跌勢才行。

自動恢復到均衡狀態才對。說得更具體一點，就是失業者願意調降過高的期望薪資，讓自己工資水準向均衡工資靠攏。然而，我們在現實社會仍能看得到失業者，表式這項市場機能並未妥善運作。換句話說，失業者如果有意願工作，就必須接受較低的工資，但他們仍堅決抗拒，於是就找不到工作了。

　　但事實真的是如此嗎？真的是因為失業者抗拒調降工資，所以才找不到工作的嗎？難道廣大勞工不是為了想有一份工作，而情願接受低薪嗎？現在大家所感受到的這個疑問，早在一九二九年展開的世界經濟大恐慌時期，英國經濟學者凱因斯（John Maynard Keynes）應該也有過同樣的質疑。我們很難相信這些已經過這窮困生活的失業者，怎麼可能還會抗拒調降工資。根據凱因斯的說法，會出現這樣的失業狀況，是由於財貨與服務的市場需求不足所致。廠商僱用勞工的目的，說穿了就是為了生產財貨與服務。市場上要先對廠商生產的這些財貨有需求，才能創造出對勞力的需求，而這些勞力是在生產財貨或服務時不可或缺的。若財貨與服務市場處於需求不足的狀態，產品滯銷，那麼即使工資再低，廠商都不會僱用勞工。因此，要解決失業問題，就必須先創造出對財貨的需求。至於創造需求的具體方法，我們留待第 II 部談總體經濟學時再學習。

◇勞動市場的獨占

在第五章當中，我們探討過財貨的賣方——廠商擁有價格操縱能力（獨占力）時的狀況。這裡我們就來看看在勞動市場上，勞動力的買方——廠商擁有工資操縱能力時的狀況。這種買方握有獨占力的情形，我們稱之為「買方獨占」（monopsony）。相較於廠商，勞工在談判時的立場多半較弱勢，因此由廠商單方面擁有工資操縱能力的情況，屢見不鮮。舉例來說，當某個地區只有一家廠商，附近沒有其他工作機會時，這家廠商就對工資水準的訂定握有獨占力。在財貨市場當中，獨占廠商會為了增加獲利而拉抬財貨價格；在勞動市場上，買方獨占廠商則是會壓低工資。當廠商開出低薪時，原本勞工應該會往其他廠商流動，但當周邊沒有其他工作機會時，勞工根本不可能跳槽。圖 7-3 所呈現的，就是這樣的情況。獨占廠商設定的工資，會比均衡工資來得低；在獨占廠商設定的工資之下，

第7章

【圖 7-3　買方獨占】

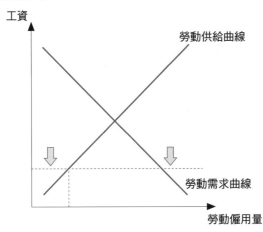

僱用量會比均衡僱用量來得少。廠商的獨占力,讓市場上的交易機會縮水——由此可知,社會福利損失(welfare loss)已然發生。

◇長期僱用與熟練

在勞動市場當中,若達到符合效率的資源分配,每個人應該都能從事自己擅長的工作才對。長期堅守在同一個工作崗位上,就能對該項業務更熟悉,學會各種提高工作效率的要訣、撇步,也會懂得在遇有突發狀況時如何妥善處理。這就是所謂的「熟練」。因為熟練,所以勞工的生產力會隨著年資而提高。圖 7-4 呈現的是年資和平均工資的關係。平均工資會隨著年資越長而漸增的原因之一,就在於熟練。

不過,其實還有另一個原因,可以用來解釋為什麼「工資會隨著年資越長而漸增」。對勞工而言,能長期堅守同一個工作崗位,以增加對工作的熟練程度,固然是求之不得,而對廠商來說,其實也非常樂見,甚至很多廠商都會希望勞工在自家公司待久一點。尤其是那些擔心自家技術會因為熟練勞工跳槽而外洩的企業,更是如此。究竟廠商該怎麼做,才能讓勞工願意長期留任呢?

一個方法是只要員工任職越久,就保證調漲工資。具體做法是可以在僱用契約載明任職越久,工資就保證調漲。在這樣的契約規範之下,對勞工而言最頭痛的,就是在工資調漲前公司倒閉,或遭到企業解僱,所以他們會為公司賣力工作。企業無法完整觀察勞工是否賣力工作(資訊不對稱),但簽訂「長期任職就保證調漲工資」的契約,有助於刺激勞工的幹勁(工作動機)。為了防止熟練勞工

【圖 7-4　年資與工資的關係】

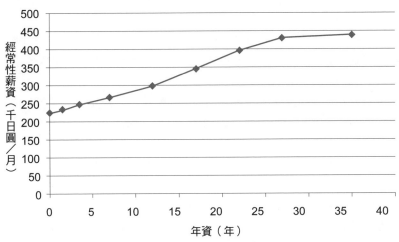

資料來源：2007 年工資結構基本統計調查　一般勞工經常性薪資

第**7**章

外流，也為了讓勞工奮力工作，所以工資才會設定隨年資調升——
這正是工資隨年資調升的另一個原因所在。

　　日本企業向來都是採取這一套模式，也就是讓工資隨年資調
漲，我們稱之為「年功薪資制」（Seniority wage system）。此外，
剛畢業就到某家企業任職，一路工作到退休的「長期僱用制」（終
身僱用制），也是日本企業常見的僱用制度。事實上，如前所述，
年功薪資制和長期僱用制有著一體兩面、互為表裡的關係。近年來
部分企業不再重視年資，導入依績效敘薪的「功績薪給制」（Merit
Pay System）等，使得年功薪資制開始逐漸鬆動。於此同時，長期
僱用制也開始出現變化。尤其青年勞工多從事計時或派遣等非典型
就業的工作，難以成為正職員工，已成為社會問題。

日本式僱用慣例

　　相較於其他國家，一般認為日本的僱用型態有以下三項特點：①年功薪資制、②終身僱用制、③企業內工會。三者合稱為「日本式僱用慣例」。

　　這三項特點彼此之間都有關係。如正文所述，長期僱用能培養出熟練勞工，但要留住這些熟練勞工，靠的就是「年功薪資」這一套機制。而要讓勞工願意為企業賣力工作，就需要長期僱用和穩定調漲工資的承諾。在長期穩定的僱用關係當中，這些在企業裡利害一致的成員，就會發起組成工會。除了日本之外，世界其他先進國家的工會，多半會打破企業藩籬，依不同產業或職業個別籌組。

　　因為企業與勞工之間有了長期而穩定的僱用關係，兩者之間便產生一種合作關係——企業要培養熟練勞工，勞工要為企業工作，而勞工彼此之間也會產生一股「要一起工作一輩子」的同儕意識。一般認為，這些因素提高了勞工的生產力，在戰後的高度經濟成長期推升了日本企業的績效表現。

　　然而到了近年，計時和派遣等非典型就業者激增等現象，反映出日式僱用慣例已逐漸開始鬆動。既然這三項特點互相關連，當一項特點鬆動時，就會影響其他兩項。非典型就業者不斷地更換工作，無法獲得成為熟練員工的機會，工資也被壓低。他們難以萌生「為企業賣力工作」的心態，也無法接觸不到攸關企業機密的工作。正職員工和非正職員工的利害不一致，導致工會組織率（加入工會者在全體勞工當中的占比）持續低迷。

　　日本企業究竟是該回歸傳統的日本式僱用慣例，還是建立一套新的僱用關係？在傳統僱用關係已然瓦解的當下，日本企業需要的是更能提振績效表現的制度規劃。

3. 勞動市場與差異

◇非典型就業者增加

　　如圖 7-5 所示，近年來，計時和派遣等非典型就業者佔總勞工人數的比例越來越高。有些勞工固然期望能有更靈活的僱用形態，但更多勞工殷殷企盼能擺脫既低薪又不穩定的非典型就業狀態。就廠商的立場而言，非典型就業者招募簡單、解聘容易，要調整僱用量也很方便，但也隱藏著難以培養出熟練勞工的問題。此外，非典型就業者增加的結果，攸關企業機密的業務難以交付給他們，於是這些工作便集中在少數幾位正職員工身上，使得工時過長和過勞死等問題更趨嚴重。

　　有專家指出，一旦新鮮人在剛踏入社會之初淪為非典型就業

第**7**章

【圖 7-5　非典型就業者的增加趨勢】

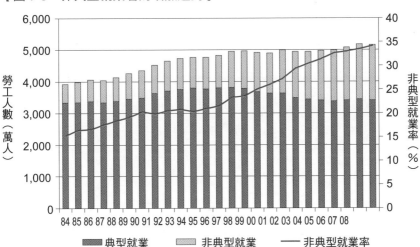

勞工人數（萬人）　非典型就業率（％）

■典型就業勞工人數　■非典型就業勞工人數　—非典型就業率

資料來源：勞動力調查

者，之後再怎麼換工作，都很難成為正職員工。長期下來，就會與剛畢業就找到正職工作的人形成極大的差距，我們稱之為「世代效果」（cohort effect）。這個詞彙代表了剛出社會時碰巧景氣大好的世代，和那些沒能躬逢其盛的世代之間，所產生的差距——剛畢業時沒找到好工作，將成為長期無法挽回的落差。日本的人力需求市場在長期僱用制度的影響下，需求集中在新鮮人招募上，轉職市場機制尚不完善，也是造成世代效果發酵的原因之一。

努力的人與不努力的人之間出現差距，自是理所當然，或許也有人認為這樣的落差本身並不是壞事。有差距才能讓人萌生努力向上的動機，這也是事實。然而，出社會時不巧碰上經濟不景氣，並不是勞工個人的責任，卻因此而產生長期無法挽回的差距，未免太不公平。這樣的差異，理應予以修正。

◇性別差異

圖 7-6 呈現的是男女兩性在各年齡層的勞動參與率（有工作意願者在總人口中的占比）。從圖中我們可以看出：截至 25 歲前，兩性的勞動參與率走勢幾乎相同，但自 25 歲起至 30 世代前半，女性的勞動參與率急遽下降，直到 30 世代後半至 40 世代才又回升。這樣的趨勢，使得女性的勞動參與率呈現「M」字型，故稱之為「M型曲線」。為什麼兩性的勞動參與率會出現這樣的差異呢？

它代表女性在 20 世代後半到 30 世代前半時，為結婚、懷孕生產和育兒而辭去了工作；而 30 世代後半的勞動參與率回升，則是因為這個時期她們的子女不再需要長時間照顧，於是女性透過計時工作等型態重回勞動市場的緣故。在計算勞動參與率時，由於產假、

育嬰假只是休假，故仍視為在職；至於勞動參與率降低，是受到離職的影響。

　　一旦離職，不僅少了工資收入，工作中斷期間，以熟練為目標的專業技術養成，也會因而停止。所以，女性即使在子女不需長時間照顧後重回勞動市場，相較於職涯不曾中斷者，她門的工資就是偏低。就這一點而言，女性在勞動市場上的立場的確處於弱勢。當然這不單只是女性本身的問題。如果女性不願自己的專業技術養成中斷，而選擇不結婚、不生育，那麼對於當前少子化日益嚴重、面臨重重考驗的日本來說，將來絕對會成為茲事體大的問題；而半數勞工的專業技術養成被迫中斷，對國家整體的生產力而言，也是相當重要的問題。政府應傾國家之力，思考如何讓女性兼顧工作和育兒。

第7章

【圖 7-6　兩性勞動參與率（M 型曲線）】

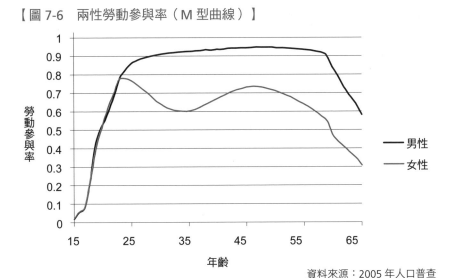

資料來源：2005 年人口普查

◇學歷差異

　　圖 7-7 和圖 7-4 一樣，呈現的是不同學歷勞工年資與平均工資的關係。高中學歷與大學學歷的勞工，在進入企業任職時，月薪就已經有近十萬日圓的落差，且隨著年資越久，落差還會持續加大。當中最大的原因，在於學歷高低會影響勞工的晉升速度所致。大學學歷的勞工也有人在學期間遊手好閒；而高中學歷的勞工，也有人是因家庭狀況而無法升學，本身其實非常有能力。然而，在工資和晉升方面，不同學歷的勞工確實是有差異存在。

　　大學畢業的勞工當中，當然也有人是努力用功，才在升學考試拿出漂亮成績的優秀人才。平均來說，大學畢業的勞工應該是比高中學歷的勞工有能力，所以兩者在待遇上有些差異，也是無可厚非。不過，這裡我們想強調的，是企業只以「『平均來說』比較有能力」

【圖 7-7　年資與工資的關係（男性，學歷別）】

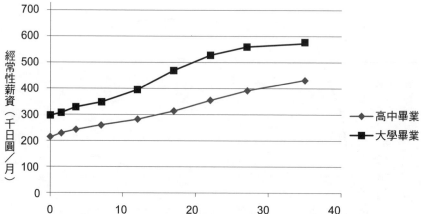

資料來源：2007 年工資結構基本統計調查　男性一般勞工經常性薪資

這一項資訊，來作為判斷員工工資多寡與晉升的標準，不考慮「勞工個別狀況」這件事。

　　會採取這樣的措施，是因為企業無法逐一審核勞工的能力，或雖可能但要耗費高額成本所致。於是企業才會像是認定「既然是○○大學的畢業生，應該很有能力」似的，選擇只用一些比較顯而易見的勞工特質（這裡用的是學歷）來決定工資，放棄了解每位勞工的能力優劣。至於勞工的個別狀況，例如在大學是否遊手好閒，或是否因為家庭因素而放棄升學等，因為實在太難觀察，故不予考慮，只看學歷，甚至只看是哪一所學校畢業，就決定勞工的工資與升遷。這種現象，我們稱之為「統計歧視」（Statistical discrimination）。除了學歷之外，還有性別和人種等特質，也都顯而易見，因此也被列為統計歧視的項目。

　　各位或許會覺得這種做法未免太不公平，但市場機能是站在效率的觀點，帶來理想的結果；而公平與否的觀點，不見得會帶來最理想的結果——這一點我們已於第六章說明過。一般而言，企業並沒有歧視的意思，只不過是省下了一筆逐一審核勞工能力的成本罷了。但企業追求獲利極大化的結果，衍生出了這樣的差別待遇。我們在充分運用市場效率的同時，也要留意它並不完美，當它無法妥善運作時，需要做一些適度的修正。

第 7 章

4. 彌補勞動市場不足的政策

◇改善非典型就業者增加的解方

如前節所述，隨著非典型就業者的增加，衍生出了差距擴大與固定化的問題。究竟該如何縮小這些差距呢？差距本身也有鼓勵人努力向上的一面，不見得都是負面的。不過，若是由於「剛畢業時的景氣狀況」等無法歸責於勞方的原因，而導致差距長期固定化，那就是問題了。人在認為自己無力挽回差距時，就會失去希望和幹勁。而在這樣的精神壓力下，人會生病、輕生，甚至可能誤入歧途。

為避免差距固定，首先應加強建置完善的轉職市場，為勞工打造一個可供多次挑戰轉業的環境（輔導再就業），至關重要。此外，就目前非典型就業者增加，關鍵業務集中在少數正職員工身上的現況來看，業務應該還能再做更妥善的分配。例如將集中在正職員工身上的業務重新切割，分配給非典型就業者，也就是「工作分攤」（work sharing）的做法，近年來備受各界矚目。還有，企業界也開始重新檢視員工在工作與生活上的平衡（work-life balance），以避免業務過度集中於正職員工身上。

將非典型就業者與正職員工在各方面的待遇調整為同一水準，也是廣受各界討論的議題。例如所謂的「同工同酬原則」，就是主張「從事相同業務內容者，在工資待遇面上不應有所差異」。以往日本企業的員工多為正職，因此勞資協商的主要議題，多半是正職員工的待遇改善。然而，隨著非典型就業者的增加，他們的待遇調整，也開始成為協商時的重要議題。

◇改善女性勞工因生產、育兒而離職的解方

究竟有什麼方法能協助女性兼顧生產、育兒與工作呢？首先，政府應透過整頓幼托機構等措施，建立完善機制，讓整個社會成為家庭養兒育女的後盾。企業也要透過產假、育嬰假等制度的建立，建置生育友善環境，讓勞工在養兒育女期間也能持續工作。有些企業已嘗試提供職場研習等機會，讓勞工在育嬰假期間不致於中斷專業技術的累積。此外，在職場內附設幼托機構等措施，也備受各界關注。生產、育兒期間的婦女無法到職場工作，往往一個人背負許多心事。了解這段期間女性的需求，提供適當的協助，實為當務之急。還有，先生對家事、育兒應表達更多體諒與協助，這一點早已毋需贅述。最重要的，莫過於政府、廠商與家計單位站在各自的立場，共同合作，為改善問題而努力。

第 7 章

◇基本工資規範

當工資過低時，勞工再怎麼工作，都無法確保最低限度的生活水準。無論如何努力工作，都無法擺脫貧窮的人，我們稱之為「窮忙族」（working poor）。近年來，日本社會的窮忙族越來越多，其中又以年輕族群為大宗。儘管目前「窮忙族」一詞尚無明確定義，但若以「再怎麼努力工作，生活水準仍不及低收入戶」家戶，也就是「戶長年收入在 200 萬日圓以下者」為標準，那麼根據二○○七年就業結構基本統計調查結果顯示，全日本共有 674 萬戶是窮忙族，佔總家戶數的 15.2%。在日本這樣的先進國家，這麼多家戶都處於「再怎麼努力工作，仍難以維持基本生活」的狀態，比例之高已不

容忽視。

為改善低薪環境，政府制定了基本工資規範，也就是雇主只要不讓勞工在低於這個薪資的情況下工作即可。可是，如果基本工資設定得比均衡工資高，就會如圖 7-2 所示，出現失業問題。基本工資原本是為確保勞工生計所擬訂的政策，萬一造成更多失業，對勞工來說反而是有害無益——就像這樣，政策推行後，在市場上不見得總是能呈現預期的結果。所以當政府試圖以政策介入來導正市場時，必須特別留意它可能帶來的反效果。

舉例來說，如果原本的勞動市場是由買方獨占（圖 7-3），那麼祭出基本工資規範就能奏效。此時，獨占企業所設定的工資，會比無人獨占時的均衡工資來得低。因此，透過基本工資規範來推升工資，就能讓工資水準朝均衡工資靠攏，也可增加僱用量，進而改善社會福利。政策介入能否奏效，要視當時的市場狀態而定。政府在推動時，需審慎判斷市場現況。

5. 結語

　　在本章當中，我們以勞動市場為例，探討了市場的功能與極限。勞動市場和其他的財貨市場一樣，能在一定條件下達到最有效率的資源配置（適才適所的境界），讓社會福利極大化。然而，誠如我們在介紹「買方獨占」時所看到的，當市場不符合競爭市場的前提條件時，就無法達到有效率的資源配置。若財貨、服務市場需求不足，就無法創造足夠的勞動需求，失業便隨之發生。

　　還有，當市場在效率觀點下達到理想狀態時，從公平觀點來看，其實不見得也達到理想狀態。針對這一點，我們以勞動市場上的各種不公平（差異）為例，為各位做了一番說明。有些差距反映了投注的心力多寡，而差異也能鼓勵我們努力向上，所以它的存在，不見得一定是壞事。但若是不可歸責於勞工個人因素所造成的差距，就應該予以導正。

　　為解決市場所帶來的各項問題，政府也會提出許多政策來因應。本章後半針對非典型就業者與女性勞工所面臨的問題，評估了幾個改善方案。另外，在探討基本工資規範時，我們也看到政策干預必須小心為之，否則恐將招致反效果。應審慎判斷市場現況，在適當的時機，以合宜的規模，推動妥善的政策。至於政策推行後，應持續關注後續效應，並留意是否可能招致反效果。

❓動動腦

1. 請參考本章正文內容,試想長期僱用的優點與缺點。

2. 如圖 7-4 所示,通常年資越長,勞工的工資就會隨之上揚。試想這個現象背後的原因是什麼?

3. 部分工時勞工要求與正職員工享受同等待遇的議題,廣受各界討論。試想這個做法可能帶來什麼樣的後果?

參考文獻

《工作裡的經濟學》(第 3 版),小池和男著,東洋經濟新報社,
2005 年。

進階閱讀

《年輕人為什麼三年就離職》,城繁幸著,光文社文庫,2006 年。
《脫貧經濟學——日本還有機會改變》,飯田泰之、雨宮處凜著,
自由國民社,2009 年。

第Ⅱ部

基礎總體經濟學

第 8 章

何謂 GDP？

序章
第 1 章
第 2 章
第 3 章
第 4 章
第 5 章
第 6 章
第 7 章
第 8 章
第 9 章
第 10 章
第 11 章
第 12 章
第 13 章
第 14 章

1. 前言

　　自本章起，我們要學習的是總體經濟學。在第 I 部所講解的個體經濟學當中，我們學過了個別消費者（家計單位）的行動，個別廠商的舉動，以及個別商品或服務的市場動向。相對的，我們在總體經濟學當中，要探討的是經濟整體的趨勢。具體而言，例如在探討家計單位或廠商時，總體經濟學要觀察的是全國所有家計單位或廠商行為的總和；探討市場時，也會依不同的商品、服務進行大範圍的匯整，例如財貨及服務市場、金融市場、勞動市場等，進而觀察全國整體的市場狀況。此外，在總體經濟學領域當中最不可或缺的，就是政府的行為。還有本國與他國之間的關係，也就是財貨貿易、以及勞動與資本的國際移動等，都是總體經濟學的重要主題。

　　在本章當中，我們會先學習衡量一國富庶程度與國力水準時最基本的參考基準（指標）——GDP（國內生產毛額）；還會學習一國之中的經濟活動流程，也就是所謂的經濟循環。

2. 何謂GDP？

　　GDP 這個詞彙，在報紙、新聞當中不時都有機會出現，因此或許有些讀者聽過，或在報紙上讀到過。GDP 是 Gross Domestic Product 的簡稱，也就是中文當中所說的「國內生產毛額」。它是衡量一個國家富庶程度的指標，也是在了解一國經濟狀態時最基本的詞彙。GDP 究竟是什麼呢？ GDP 是「在一定期間內，國內透過經濟活動所創造出來的新成果」。就讓我們更深入地來了解這句話所代表的涵義。

◇流量與存量

　　就 GDP 而言，所謂的「一定期間內」，指的是衡量一年、半年、一季（三個月）或一個月等固定期間內的經濟成果之意。這裡有一個重要的概念，就是要了解「流量」（flow）與「存量」（stock）的差異。

　　所謂的「流量」，指的是在某一段時間（期間）內的「流通量」，也就是這段時間（期間）的平均流量；而所謂的「存量」，則是指在某個時間點的「儲存量」，也就是在某個時間點的累積量。舉例來說，請各位看看圖 8-1，在這張圖當中的「平均每分鐘流出的熱水量」（五公升／每分鐘），就相當於是「流量」；而浴缸在「晚上八點」這個時間點所儲存的熱水量，就相當於是「存量」。若把這個概念，套用在我們生活周遭的經濟現象上，那麼流量就相當於是每月的存款，而存量就相當於是存款的總金額，也就是存款結餘。

【圖 8-1　流量與存量】

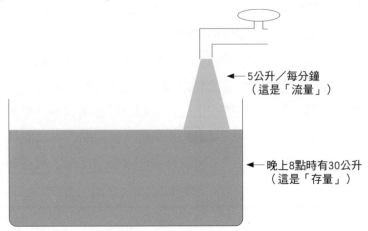

←5公升／每分鐘
（這是「流量」）

←晚上8點時有30公升
（這是「存量」）

　　用來衡量國家富庶程度的指標之一——GDP，其實就是「流量」的數值。例如二〇〇八年的日本 GDP，代表的是在二〇〇八年這一整年當中，日本國內透過經濟活動所創造的新成果，也就是在「一年」這一段期間當中所創造出來的金額。附帶一提，二〇〇八年日本的 GDP 約為 500 兆日圓，平均每人將近 400 萬日圓。

◇「國境內」的概念

　　再者，GDP 衡量的是一國經濟活動的成果。舉例來說，「日本的 GDP」衡量的是在日本領土境內所進行的經濟活動，至於從事這些活動的人員或廠商的國籍，並不在討論的範圍。因此，日本人或日本企業在國外從事經濟活動的成果，也不列入日本的 GDP 計算。反之，外籍人士或外國企業在日本境內從事經濟活動的成果，就會列入日本的 GDP。

近來，人員與企業跨國活動的情況相當頻繁，導致一國境內的經濟活動，與具該國國籍的人士在世界各地所進行的經濟活動之間，出現了一些落差。GDP 這項指標，代表的是一國國境內的經濟活動；相對的，不管是在日本或國外，凡是日本國籍的人士或企業，在世界各地創造的經濟活動成果，我們會用 GNP（Gross National Product，國民生產毛額）來衡量。以日本而言，GNP 會比 GDP 略高一籌。

◇附加價值

接下來我們再來看看「經濟活動所帶來的新成果」該如何衡量的問題。要釐清這個問題，首先要從各個生產階段所創造出來的經濟價值——「附加價值」的概念開始談起。

什麼是「附加價值」呢？我們舉一個麵包生產的例子來說明。麵包店做一個麵包，需要用掉 200 公克的麵粉；麵粉廠商要花十束小麥，才能生產出 200 公克的麵粉。假設農友不必花任何成本，就能生產出這十束小麥——通常栽種小麥需要花原料和肥料等成本，這裡為求簡單，就先暫且忽略。假設農友（小麥生產者）生產了十束小麥，並以 50 日圓的價格賣給麵粉廠商；麵粉廠商用這些小麥，製成了 200 公克的麵粉，並以 150 日圓的價格賣給麵包店；麵包店又將這些麵粉加工、烘焙，製成麵包，並以 400 日圓的價格賣給顧客——假設現在有這樣的經濟活動，那麼新創造出來的成果，該如何衡量才對呢？

第8章

在這項經濟活動當中，在市場上買賣的商品是小麥、麵粉和麵包。因此，或許有些讀者會認為只要把小麥、麵粉和麵包的營收加總起來，就能衡量經濟活動的成果。然而，這種觀念是不對的。因為麵粉的150圓當中，包含了小麥的價格50圓，麵包的價格400圓當中，包括了麵粉的價格150圓。若以市價單純加總，就會產生重複計算的問題。該怎麼做才能避免重複計算呢？一種方法是考慮各個生產製造階段所創造出的「附加價值」（Value Added）。

附加價值指的是從營收扣除產製所需的原料投入金額（我們稱之為「中間投入」，intermediate inputs），所得到的金額。

附加價值＝營收（產值）－中間投入

舉例來說，生產小麥時，營收為50圓，而我們假設原料費為（假設農友不需付出任何成本，就能生產小麥），所以生產小麥所帶來的附加價值是50圓（＝50圓－0圓）；接著看到生產麵粉所帶來的附加價值，是用麵粉營業額的150圓減掉原料費，也就是小麥的50圓，算出來是100圓（150圓－50圓）；再同樣的概念來思考，就能算出生產麵包所帶來的附加價值是250圓（400圓－150圓）。把這幾個金額加總所算出的400圓（＝50圓＋100圓＋250圓），就是因生產麵包所帶來的（扣除重複計算）附加價值總額，代表的是經濟活動所創造出來的新成果。將這些計算化為圖表後，就成了圖8-2。

【圖 8-2　從小麥生產者到麵包消費者】

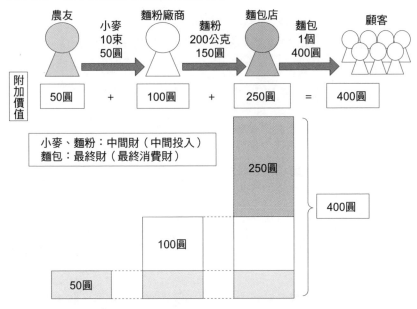

　　同樣的概念，可套用在所有財貨、勞務的生產上。因此，將一國境內總體經濟在一定期間內，所有財貨、勞務在生產活動各階段所產生的附加價值加總起來，就能求出「在一國境內，因經濟活動所產生的新成果」——這就是國內生產毛額（GDP）。

第8章

專欄 8-1

鈴木一朗的年薪，算不算日本的GDP？

本章説明了「GDP」（國內生產毛額）這個用來衡量一國富庶程度的指標，但其實截至一九九二年為止，日本主要使用的指標是 GNP（國民生產毛額）。順帶一提，一九六八年時，日本的 GNP 是全球第二名。GDP 和 GNP 都是流量（變量），也是所得在一定期間內的附加價值加總。以下就舉幾個例子，和各位一起來思考 GDP 和 GNP 究竟有什麼不同。

近年來，在國際體壇發光發熱的日本好手越來越多。其中最具代表性的，就是在美國職棒西雅圖水手隊（Seattle Mariners）效力的鈴木一朗選手（日本籍）。他在二〇一〇年的年薪是 1800 萬美金，換算日圓是（以 1 美金＝ 90 日圓換算）16 億 2 千萬，即使是與美國其他球員相比，年薪仍是頂尖水準（第 16 名）（https://www.cbssports.com/）。

另一方面，也有許多外籍選手在日本職棒界大顯身手。例如在阪神虎隊效力的美國好手馬修 · 馬頓（Matthew Murton，美國籍），他在同一年的年薪是 1 億日圓（換算美金為約 111 萬美金）（https://baseball-data.com/）

鈴木一朗的年薪，是否列入日本的 GDP 計算？很可惜，答案是否定的。他居住在美國，也在美國活動，所以他的年薪並不列入日本的 GDP，而是算在美國的 GDP 當中。同樣的，馬頓的年薪也不列入美國 GDP，而是算在日本的 GDP 當中。那麼 GNP 又如何呢？鈴木一朗是日籍，所以年薪列入日本的 GNP 計算；而馬頓是美國籍，年薪當然就列入美國的 GNP 計算。

如上所述，日本 GDP 採計的是在日本「境內」工作的人，所創造出來（領取到）的所得，與國籍無關；而日本 GNP 採計的則是日本國民所創造出來（領取到）的所得，不論當事人在哪一個國都一樣。

由此可知，GDP 和 GNP 之間，有著以下這樣的關係：

日本的 GDP
　＝日本的 GNP －在國外工作的日籍人士所得（要素所得收入）
　　＋在日本國內工作的外籍人士所得（要素所得支出）

此外，近年來「GNI」（國民所得毛額，Gross National Income, GNI）這個相當於 GNP 的指標，也廣受各界運用。就日本來説，GNI 會比 GDP 略高，例如二〇〇八年度時，就相差了將近 1600 億日圓（換算日幣為 14 兆 4 千億日圓）之多（世界的統計第 3 章 http://www.stat.go.jp/data/sekai/）。這是因為日本在海外持有的資本有分紅、孳息收入，且其金額比外國人因為在日本持有資本而領到的分紅、孳息收入還多。要素所得不只是針對人（勞動）的部分，也包括對資本的要素利得。一般來説，借出比借入多的債權國，GNI 會比 GDP 高；反之，債務國通常會是 GDP 比 GNI 多。

3. 經濟循環

　　我們常會用人體來比喻經濟——人體是由許多細胞組成，但要有血液在全身各處循環，才能補充能量，讓人體正常運作。一國的經濟也一樣，要讓經濟正常運作，就必須天天補充廣大廠商和家計單位需要的財貨與勞務才行。家計單位和廠商都需要經濟活動所創造出的新成果，而國家經濟體系要把這些成果送到每個家計單位和廠商去，就必須讓財貨與勞務在國家的經濟體系中暢流無阻——我們將它稱之為經濟循環。

◇總體的經濟主體與市場

　　經濟是由許許多多的家計單位和廠商（我們稱之為「經濟主體」）等所構成。綜觀一國經濟的整體情況時，將經濟主體分為幾個大類來探討，會比較便於思考，因此我們會把它分為家計、廠商、政府和國外部門。本國與他國之間的經濟關係，我們留待後續的章節再討論，這裡我們僅先探討在本國國內完結的經濟（我們稱之為「閉鎖經濟」）。

　　若先暫且忽略與他國之間的關係，那麼經濟主體就是由家計、廠商和政府這三個部門所組成。這三個經濟主體彼此買賣各式各樣的商品，而在這三個經濟主體內部亦然。交易的商品種類五花八門，因此交易市場也非常多元。在總體經濟學當中，我們會把這些市場歸納為財貨與服務市場、金融市場和生產要素市場這三大類來探討。在此就先簡單介紹一下這三種市場。

　　所謂的財貨與服務市場（有時也簡稱為「財貨市場」），就是用來交易廠商所生產的財貨、勞務的市場，也是我們最熟悉的市場。舉例來說，我們每天都會採購糧食，搭乘公車或電車，而這些都是發生在財貨與勞務市場的交易，當中有家計部門（你我個人）和廠商部門（生產糧食、運輸配送的廠商）的參與。而所謂的金融市場，就是資金、股市和國債等的交易市場。舉例來說，假如某個家計單位購買了政府所發行的國債，就是一種有家計和政府這兩個部門參與的金融市場交易。

　　最後介紹的是生產要素市場。所謂的生產要素，指的是生產財貨與勞務的所需的勞動、資本設備和土地等。交易這些生產要素的市場，就是生產要素市場。例如當廠商聘僱眾多勞工來從事生產活動，那麼它就是有（提供勞動的）家計部門和（需要勞動力的）廠商參與的勞動市場交易。生產需要有機器設備和工廠等資本（我們稱之為「實物資本」），而持有這些實物資本的，是握有股票的家計部門或廠商。這些家計單位和廠商運用手中持有的物質資本來協助生產，就是一種有家計和廠商部門參與的（實物）資本市場交易。而生產所需的土地，也是一樣的概念。

◇三面等價原則

　　家計、廠商、政府這三個經濟主體，會以買方或賣方的身分，參與財貨與勞務、金融市場和生產要素這三個市場，推動一國的經濟循環。在這樣的經濟循環當中，了解我們在本章學習過的 GDP，是相當重要的關鍵。

第8章

這時，「三面等價原則」就成了一個很重要的關鍵字。所謂的「三面」，指的是生產面、分配面和支出面（需求面）。從任一面看到的 GDP 都相等，就是「三面等價原則」。我們再以圖 8-2 的麵包生產為例，來說明這個概念。假設我們把一個國家一整年所有的經濟活動，簡化為生產 400 日圓的麵包，那麼誠如前面所說，這一整年所有經濟活動所帶來的新成果，就是各階段附加價值的總和——這是聚焦在附加價值生產上的一套思維，也就是從生產面計算的 GDP。

如果我們從分配面來看，又會是如何呢？生產小麥所帶來的附加價值 50 圓，是農友可以收到並自由運用的一筆錢（我們稱之為「所得」）。生產麵粉所帶來的附加價值 100 圓，是麵粉廠可以收到的一筆所得。如果麵粉廠還有僱用員工，那麼這一筆所得或許會有部分要發給員工，當作員工的工資。而在麵包店創造出的 250 圓附加價值，也是一樣的道理。就像這樣，在生產活動各階段所創造出來的附加價值，會化為工資或獲利，分配給自營業者或員工。所有分配的金額加總起來，和創造出來的附加價值總額相同，就前面的例子而言，都是 400 日圓。這就是從分配面計算的 GDP。

最後，這 400 圓也與麵包的需求金額相同，而麵包是這個生產活動的最終產品。由於顧客是花了 400 圓買到麵包，也就是生產活動的最終產品，所以從支出面計算的 GDP，就是顧客對這項最終產品的需求金額。如此一來，不論從附加價值的生產、生產要素的分配，以及對最終產品的需求看來，GDP 都是一致的。這種關係即使套用到一般的總體經濟，也同樣成立——這就是所謂的「三面等價原則」。

從生產面計算的 GDP
＝從分配面計算的 GDP ＝從支出面計算的 GDP

　　從生產面計算的 GDP，呈現了在一國境內的某一段時期當中，隸屬於各種不同產業的廠商，究竟從事了多少生產活動。而從分配面計算的 GDP，則是付給各生產要素的報酬總額，也是付給勞工的工資所得，與付給出資者的利潤或利息所得，再加上付給土地提供者的購地或租地費用的總和。另外，從支出面計算的 GDP，又被稱為「GDE」（Gross Domestic Expenditure，國內支出毛額），也就是一國對最終產品的總需求。所謂的最終產品，是指扣除原料等中間材之後的產物，由家計單位所購買的消費財、廠商所購買的機器設備，以及政府所採購的財貨所組成。上述的消費需求、投資需求和政府需求的總和，就是從支出面計算的 GDP。

　　此處有一點要特別注意的地方：在計算「對最終產品的需求」時，並不包含對「既往生產的財貨」的需求。舉例來說，假設在盛夏溽暑時節，冷氣需求大增，所以廠商和通路搬出了去年生產的庫存來支應。如此一來，最終需求（Final Demand）雖然增加，但它們與當年度新創造出來的附加價值無關。同樣的概念，也可以套用在中古車和中古屋上。GDP 只會計算新創造出來的附加價值時，這一點須特別留意。

第 8 章

◇循環流量圖

我們來看看家計、廠商和政府這三個經濟主體，究竟是如何透過各個市場，與彼此產生關聯。圖 8-3 呈現的就是這個概念，我們稱之為「循環流量圖」（circular flow diagram）。請各位參照這張圖，繼續閱讀以下的解說。

位在圖中央的是家計、政府、廠商這三個經濟主體，在它們上方的是生產要素市場。家計部門為廠商部門提供「勞動」與「資本」這兩項生產要素；廠商則購買這些生產要素，再以某些技術進行生產；透過生產，能為各家廠商帶來附加價值——它就是從生產面來計算的 GDP。

【圖 8-3 　循環流量圖】

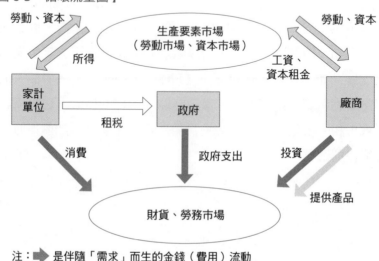

注：➡ 是伴隨「需求」而生的金錢（費用）流動

　　採購生產要素要付出回饋，例如採購勞務後會付工資，採購資本設備後會付出利潤或資本租金給家計部門。只不過，由家計部門持有資本設備，並直接出租給廠商的案例僅是少數。通常家計部門是以股份資本的形式，分割持有廠商一部分的物質資本。因為持有這些物質資本，所以廠商的部分獲利，會以配息的方式支付給家計部門。但並非所有利潤都會用在配息，部分利潤會留在廠商內部當作保留盈餘。這些分配下來的工資與利潤的總和，就是從分配面來計算的 GDP。

　　廠商運用勞動和資本生產財貨，並將它們供應到財貨與勞務市場──也就是圖 8-3 下方的「財貨、勞務市場」。而採購這些財貨與勞務的，是家計單位、廠商和政府。家計和廠商用自己收到的工資與利潤等要素所得，換取財貨、勞務需求；政府則是用稅收來採購財貨與勞務。這時，可能會出現支出大於收入的部門，以及支出低於收入的部門。而負責串聯資金剩餘部門和資金短缺部門的，就是金融市場。這個概念我們留待後面的章節再學。

　　這樣綜觀總體經濟之後，就可以發現生產要素會以勞動或資本服務的形式在各個經濟主體之間流動，從家計部門流向廠商；而工資和利潤（以配息或租金的形式）也以貨幣的形式，反向從廠商流向家計部門。廠商運用生產要素進行生產活動，生產財貨或服務。這些財貨與服務，會化為消費財或投資財，流向家計、政府或廠商。而貨幣會以消費支出或投資支出的形式，反向回流到廠商。這一連串的活動，就是所謂的「經濟循環」。我們會從生產、分配和支出面，去掌握在這種循環之中新創造出來的 GDP。以上就是總體經濟體系的循環，也就是總體經濟循環。

專欄 8-2

思考「三面」的意義

　　在本章當中，我們簡要說明了「三面等價」的概念。在此，我們要來看看從「生產面」、「分配面」和「支出面」這三面來思考的意義為何。根據日本內閣府所公布的國民經濟計算確報[4]（平成二〇年版 http://www.esri.cao.go.jp[5]）當中，有從各個面向計算的 GDP 詳情。首先，分析「從生產面計算的 GDP」，可了解該國的產業結構現況。檢視以「經濟活動別」來統計的國內生產毛額項目分類，可發現分為「產業」、「政府服務生產者」和「對家庭服務之民間非營利機構」這三大類，而「產業」則細分為十個項目。把它們重新以柯林・克拉克（Colin Grant Clark，英國經濟學家）所定義的第一級產業（農林漁業、礦業）、第二級產業（製造業、營造業、水、電、天然氣）和第三級產業（批發、零售、金融、保險、運輸、通訊；服務業）分類過後，會發現二〇〇八年（平成二〇年）日本各產業在 GDP 當中所占的比例分別是：第一級產業 1.5%、第二級產業 27.8%、第三級產業 61.2%（以名目 GDP 計算），顯見第三級產業在日本的 GDP 當中，占的比例相當高。其次，在「從分配面計算的 GDP」當中，我們可以在有關分配方面的項目裡，找到「受僱人員報酬」這個項目，也就是支付給勞工的分配金額。從這個數值，我們可以了解勞動所得比（labor income share）──也就是計算「因生產活動所創造出的附加價值，有多少回饋給勞工」的一項指標。最後，檢視「從支出面計算的 GDP」，可以了解內需和外需的占比。內需指的是本國內的消費、投資和政府支出；外需則是淨出口（＝出口－進口），而不光只是計算出口多寡，需特別留意。其實從一九九〇年起，外需在日本 GDP 當中的占比一直偏低，皆未滿 2%。不過，外需成長率對 GDP 成長

---

4 譯註：類似我國的《國民所得統計年報》。

5 譯註：本網站已改版，目前是 http://www.esri.go.jp/jp/archive/snaq/snaq_menu.html。

率——也就是經濟成長率的影響（外需貢獻率），絕不容小。「日本經濟仰賴外需」的論述，其實是和這個貢獻率有關，絕不是説外需在 GDP 當中的占比偏高。

　　像這樣從生產、分配和支出等各個面向來審視 GDP，就能從中獲得很多耐人尋味的資訊。

4. 結語

本章我們學習了 GDP 的概念，以作為學習總體經濟學的開端。此外，我們也透過財貨、勞務與生產要素循環的介紹，為各位說明了總體經濟的全貌。或許有些人會覺得總體經濟學比個體經濟學難懂，這是因為總體經濟學探討的對象，不僅限於你我身邊的市場，還包括了一國整體的市場，以及本國、外國的行動。還有 GDP 也是，家計單位的年所得尚稱易懂，但要談一國的年所得，光是金額就很龐大，令人很難萌生切身的感受。

不過，要探討個別廠商或家計單位的行為，就無法跳脫一國總體經濟的範疇；本國政府與外國的行為，也與個體層級的經濟活動息息相關。我們其實也可以從個體層級的日常生活向外延伸，去理解總體經濟循環當中的很多概念。我們在本章學習了「GDP」的概念，它是呈現一國經濟狀況最基本的指標。既然 GDP 如此重要，那麼它又是怎麼訂定出來的呢？接下來，我們要探討的就是這個問題。

❓動動腦

1. 請上日本內閣府的官方網站，用上面的統計數據（http://www. esri.cao.go.jp[6]），找出日本 GDP 歷年來的變化趨勢。

2. 近來二手用品的市場交易非常熱絡，這個現象是否有助於推升 GDP ？請以 GDP 的定義為基礎，想一想這個問題。

3. 假設從生產面計算的 GDP 是 1 千萬日圓，而生產要素只有勞動 與資本，不考慮廠商的保留盈餘時，分配到資本的所得是 200 萬 日圓。此時分配到勞動的所得應該是多少？請根據三面等價原 則，想一想這個問題。

參考文獻

《總體經濟學 I（入門篇）》（MACROECONOMICS）（第 3 版），
　　葛雷葛利 ‧ 麥基著，足立英之、地主敏樹、中谷武、柳川隆譯，
　　東洋經濟新報社，2011 年。

進階閱讀

《經濟學原理 II：總體經濟學》（第 3 版），葛雷葛利 ‧ 麥基著，
　　足立英之、石川城太、小川英治、地主敏樹、中馬宏之、柳川隆
　　譯，東洋經濟新報社，2014 年。
《總體經濟學入門》（新經濟系列），二神孝一著，日本評論社，
　　2009 年。

第8章

---

6 譯註：本網站已改版，目前查詢日本 GDP 的網站是 ttps://www.esri.cao.go.jp/jp/sna/menu. html。

第 9 章

決定GDP的因素為何？

序章
第1章
第2章
第3章
第4章
第5章
第6章
第7章
第8章
第9章
第10章
第11章
第12章
第13章
第14章

1. 前言

打開電視，不時都能看到 GDP 成長或衰退的報導。圖 9-1 呈現的，是日本自一九八五年至二〇〇八年的 GDP 變化趨勢。由圖中可知，GDP 的確持續上揚，但有時是急遽走升，有時卻是緩步成長，甚至還有像二〇〇八年這種衰退的時期。

若把焦點再轉向全球，就會發現有些國家的 GDP 低，有些國家則較高。例如美國的 GDP 是 14 兆美金（二〇〇九年），而日本卻只有 5 兆左右，等於美國是日本的兩倍以上。為什麼 GDP 會急遽上揚、成長放緩或甚至衰退？為什麼有些國家 GDP 多，有些國家 GDP 少？要解答這些問題，就必須先知道 GDP 是怎麼訂定出來的。在本章當中，我們要探討生活與 GDP 之間的關係，還要學習決定 GDP 的因素究竟是什麼。

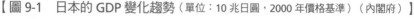

【圖 9-1　日本的 GDP 變化趨勢（單位：10 兆日圓，2000 年價格基準）（內閣府）】

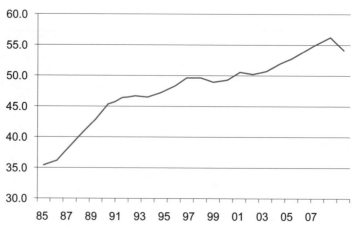

2. 國民生活與GDP

◇國民生活品質與GDP

　　請各位看看圖 9-1。這張表呈現了各國的人均 GDP、平均壽命和成人識字率。從這張表中，我們可以讀出什麼資訊呢？美國、日本、德國等人均 GDP 較高的先進國家，國民的平均壽命較長，成人識字率也較高。相形之下，巴基斯坦、孟加拉和奈及利亞這些開發中國家，國民的平均壽命較短，成人識字率也偏低。這些數值，想必是反映了人均 GDP 越高，醫療和教育等國民生活品質也越充實的事實。

　　不過，我們再看另一份統計資料，就會發現一九九四年巴西、納米比亞的人均 GNP，是中國和斯里蘭卡的兩倍以上，但國民平均壽命卻反而低十歲，和前段的例子正好相反。從這裡我們可以得到什麼結論呢？即使 GDP 相去不遠，社會服務完善與否，會大大地

【表 9-1　GDP、平均壽命與成人識字率】（1999 年，聯合國統計資料）

國名	人均 GDP（美金）	平均壽命（年）	成人識字率（％）
美國	31,872	77	99
日本	24,898	81	99
德國	23,742	78	99
巴基斯坦	1,834	60	45
孟加拉	1,483	59	41
奈及利亞	853	52	63

影響國民生活品質。儘管高 GDP 的確能帶來一些經濟可行性，讓政府透過完善的醫療與教育等制度，提升國民生活品質，但這樣的可行性要真正連結到實質的富庶生活，除了 GDP 之外，推出完善的國家政策與社會制度等，也很重要。

◇高度經濟成長與國民生活

日本的案例很有助於我們理解前述這個概念。從一九五〇年代中期到一九七〇年代初期，是日本的高度經濟成長期，期間 GDP 成長約五倍，國民平均壽命也因而上升。一九五〇代初期，日本男性的平均壽命是 59.6 歲，女性則是 63.0 歲；到了一九七五年時，男性已來到 71.7 歲，女性則是 76.9 歲。這個現象的背景，在於上、下水道的普及、醫療機構的整建，以及在一九六一年時創設了讓全民皆納保的醫療保險制度，提高了民眾的就診率等。隨著年齡增長，原本就醫機會增加是極其自然的事，但在這一套醫療保險制度創設之前，年紀越大的民眾，就診率反而越低。到了制度正式上路之後，才回歸「年紀越大就診率越高」的常態——因為有了這樣的醫療保險制度，患者不必擔心自己需要全額負擔醫藥費，諱疾忌醫的狀況才得以改善。可見隨著 GDP 的成長，政府更有餘力加強公共衛生與醫療等領域，並建立有效而完善的制度，讓日本人的平均壽命在這段期間得以上升。

GDP 會影響國民的生活品質。而看了以上的例子，各位應該可以了解我們探討「GDP 如何訂定」這件事，究竟有多麼重要了吧。

3. 生產能力高低

◇生產要素與生產技術

　　我們在第八章學過，GDP 是一國所生產的附加價值總和。因此，看來探討「能創造出附加價值的生產行為」，有利於我們找出決定 GDP 的因素。進行生產之際，究竟有什麼不可或缺的因素？在職場上，有人負責生產汽車，有人在銀行窗口服務客戶，也有人在廚房掌勺煮菜⋯⋯這些奮力工作的勞工，創造出了五花八門的商品與服務。如各位所見，在生產之際，會用到勞動力。還有什麼是不可或缺的呢？生產汽車的地點，應該會是在工廠吧？工廠裡還會有機器設備。此外，不論是工廠這樣的生產據點，或門市店面，都需要有土地。勞動和機器設備等資本、土地，統稱為生產要素。除此之外，生產還需要生產技術。當年達文西（Leonardo da Vinci）其實已經畫出了直升機的設計圖，但沒有實際生產，就是因為當年的技術製造不出直升機。少了技術，再怎麼絕妙高明的想法創意都無法實現。綜上所述，我們或許可以這樣說：勞動等生產要素越多，生產技術越高超，越能創造出更高的附加價值。由此可知，生產時具備多少能力——即生產能力多寡，決定了 GDP 的高低。

　　學生從學校畢業之後，就會投入社會工作，也就是成為一份勞動力，以各種形式參與生產。因此，學生在學時間努力提升自己的能力，將有助於提升 GDP。像這樣精進自己的能力，致力提升自己這個「勞動力」的品質，我們稱之為「人力資本累積」。學生個人的努力，其實對社會而言，意義也相當重大。

第9章

◇原料與日本經濟

不過，前面我們提到的「資本」，其實包括了機器、工廠和原料等。尤其日本在原料方面主要仰賴進口，原材料的動向，總不時左右著日本經濟。各位或許聽長輩說過二戰剛結束時，日本糧食短缺、民不聊生的往事。會發生這樣的問題，戰後日本的生產能力驟降，固然是一大主因，但背後其實還有一個因素，就是在貿易限制下，造成日本國內的煤炭與鋼鐵等原料短缺。在此之前，日本其實是從中國大量進口鐵礦石等原料。換句話說，當年就是因為原料不足，才無法火力全開地生產。於是日本政府在一九四七年，祭出了「傾斜生產方式」這一套政策，重點發展煤炭和鋼鐵等與原料有關的產業，才讓生產開始起飛。此外，各位或許聽過父母說小時候為了搶購衛生紙，全家出動跑遍附近超市的故事。這是第一次石油危機時的事，當年民眾因為擔心衛生紙之類的商品，因為在生產時會用到石油，後續可能會買不到，所以大舉湧入超市搶購。一九七三年爆發第四次中東戰爭後，引發了第一次石油危機，造成原油價格飆漲，日本經濟也在戰後首度經歷 GDP 衰退。各種原物料因為價格飆漲而難以取得，對生產造成莫大影響。這些案例，在在證明生產能力高低會決定 GDP 的多寡，而這也是我們的主張。

4. 需求強弱

◇需求與GDP

在前一節當中，我們得出了「生產能力高低會決定 GDP 多寡」的結論。可是，真的是這樣嗎？最近的新聞當中，經常會報導勞工因為不景氣而無工可做，機器設備閒置的消息。而社會上的確也有很多人失業。這些例子，都顯示 GDP 不見得會因為生產要素的量越多就隨之增加。失業者也是勞動力，但並不是失業者越多，生產就會增加。如果把這些因素也納入考量，恐怕就不能單純說是生產能力高低決定 GDP 多寡了。

那麼，為什麼機器設備會閒置呢？因為在不景氣的狀態下，即使開動機器設備、進行生產，製造出來的這些商品，要成功售出的機會也很渺茫。如果有望暢銷，想必廠商就會啟動機器設備，增加生產。這樣看來，GDP 的多寡，似乎是與商品暢銷與否，也就是民眾願不願意購買有關。民眾購買商品，表示他們想要這些商品，所以對商品的需求強弱，才是決定 GDP 多寡的關鍵。

當需求越多時，廠商就會擴大生產，所以景氣也會隨之轉好；需求越少，廠商就會減量生產，導致景氣惡化。景氣大好時，廠商為了擴大生產，會大量運用勞動力和機器設備，因此對生產要素的需求就會攀升，失業隨之降低，也會提高機器設備的使用率。用總勞工數（生產能力）減去受僱勞工人數（需求），算出來的差距，就代表失業狀況。所以，我們只要看這個數字的變化趨勢，就會發現：景氣越好，生產（供給）能力與需求的落差（供需缺口）越小；景氣一旦惡化，缺口就會擴大。

第 **9** 章

専欄 9-1

金融海嘯

各位還記得二〇〇八年年底到二〇〇九年年初,在東京日比谷公園出現的那座「跨年派遣村」嗎?當時有近 500 位無家者和失業者,包括被宣告「到期不續聘」而遭解雇的派遣員工,還有因為繳不出房租而流離失所的民眾等,都來向派遣村尋求協助。這件事反映了美國大型投資銀行雷曼兄弟(Lehman Brothers)在二〇〇八年九月十五日破產後引發的全球經濟蕭條,對日本所造成的衝擊。這場金融海嘯,使得日本的 GDP 在二〇〇八年出現衰退。衰退的原因之一,是由於日本的主要出口國——北美各國的經濟惡化,導致日本的出口量大幅減少所致。這個現象,也導致包括從事出口產業的勞工在內,「不安定雇用層」的民眾因為「到期不續聘」而遭解雇。東海地區[7]的經濟發展,對以製造業為首的出口產業依賴甚深,因此在這一波解雇潮當中受創尤其嚴重。根據日本厚生勞動省所公佈的統計,自二〇〇八年十月至二〇〇九年十一月,遭雇主解雇的非典型就業勞工人數約為24 萬人,其中愛知縣就有近 4 萬 1 千人,居日本全國之冠;靜岡縣則有約 1 萬人,為全國第四;三重縣則有約 9 千人,位居全國第五。出口減少對東海地區造成的影響,可見一斑。此外,在金融海嘯爆發之初的二〇〇八年十月到十二月,日本 GDP 的跌幅經年化計算後,竟達 12.8%;美國在同一時期的 GDP 跌幅為 3.8%,歐洲的歐元區則是 5.7%,日本的衰退幅度尤其顯著。從這個案例當中,不難看出「出口」這個需求項目對 GDP 的衝擊力道之大,也印證了我們認為「需求強弱決定了 GDP 的多寡」的論述。

這一波「金融海嘯」肆虐過後,大學畢業生的求職之路更是坎坷艱險。以下是大學生求職時的真實狀況。

「起初我還覺得船到橋頭自然直,沒想到情勢險峻程度超乎想像。

---

7 譯註:指的是愛知縣、岐阜縣、三重縣和靜岡縣,是位在日本本州中部,面太平洋的四個縣。

> 很辛苦，但也只能努力」「眼看著就快要畢業，我實在是很心急，只
> 想趕快找到工作，不管是哪個行業都好。」（大阪府，求職中的大學
> 生）（二〇一〇年三月四日，朝日新聞，早報，奈良 1.1 地方版，第
> 28 頁）
> 　　需求的變動其實就像這樣，會大大地影響你我的切身生活。

　　那麼，需求又有哪些種類呢？詳情我們會留待下一章再說明，
不過談到重要的需求項目，我們就會想到來自消費者的消費需求，
還有因廠商採購機器設備等所帶來的投資需求。表 9-2 列出了各類
需求在日本經濟當中的占比，前中以消費與投資需求為大宗。消費
者和廠商是主要的經濟主體，從這個角度來看，上述兩個需求項目
的重要性確實不容小覷。

【表 9-2　需求占比（2008 年度）（日本內閣府統計）】

	金額（10 億日圓）	占比
消費	304,828	56%
投資	117,714	22%
政府支出	97,047	18%
淨出口	21,447	4%
GDP	541,494	100%

第9章

◇生產能力與需求

讀到這裡,我們已找出支撐 GDP 的兩大主因,分別是生產能力高低與需求強弱。究竟哪一個才對呢?前面我們曾經說過「沒有需求就不會生產」,但即使市場上有需求,也不見得會生產。我們就以饑荒為例,一起來想一想。爆發饑荒時,社會上對糧食的需求應該相當旺盛,但就是因為缺乏供給,所以才會爆發饑荒。缺乏供給的原因,可能是因為乾旱導致大地一片乾枯,又或許是因為內戰讓民眾只能忙於逃命而無暇生產糧食。換句話說,生產糧食所需的生產能力不足,阻礙了糧食生產的運作。

綜上所述,生產能力高低和需求強弱,都是決定 GDP 的主因,兩者同樣重要。空有生產能力而無需求、不生產,將導致經濟不景氣;需求再多,廠商也無法進行超乎生產能力的生產。剪刀必須要在兩把刀刃剪合時才能剪紙;而 GDP 也要在生產能力和需求充分發揮,才能健全地運作。

【圖 9-2　生產能力與需求】

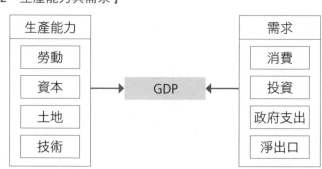

專欄 9-2

新古典學派與凱因斯學派

在本章當中，我們得到的結論是：「生產能力」與「需求」這兩者之間的平衡很重要。

這裡所謂的「生產能力」和「需求」，兩者的趨勢變化特色略有不同。

除非遭遇重大事件，否則生產能力的趨勢變化算是相對平緩。例如勞動力不會在一、兩年內急遽增減；機器設備從安裝到運轉，也需要花一些時間；土地通常更是不會突然暴增或驟減。

相對的，需求的趨勢變化就比較劇烈了。只要市況一不景氣，消費就會降低，而在這種時候，投資更是會銳減。

若從生產能力和需求的特色來思考，一般在評估五年、十年，甚至是數十年的長期 GDP 趨勢變化時，會特別著眼於生產能力；探討一、兩年的短期變化趨勢時，就會特別聚焦在需求的動向上。

不過，該如何詮釋這些長期和短期趨勢之間的關係，經濟學家各持不同的意見。重視生產能力變化趨勢的，就是所謂的新古典學派（New classical school)），而重視需求變化趨勢的，則是所謂的凱因斯學派（Keynesian）。凱因斯學派是承襲關注需求面的經濟學者——凱因斯的思維，所發展出來的流派。

這兩個流派不時會提出迥異的經濟政策，而在這樣的差異背後，其實是在想法上偏重「生產能力」或「需求」的不同。換言之，新古典學派往往會主張一些強化生產能力的政策，凱因斯學派則多半會主張一些刺激需求的政策。

嚴格來說，其實不能把它們分為兩個流派來看待。不過，了解兩者在經濟論戰的背後有這些不同主張，對各位應該會有幫助。

第**9**章

5. 結 語

在本章當中，我們探討了決定 GDP 的因素。

前面我們探討過的內容，可匯整如以下三點：

⑴生產能力高低會決定 GDP 多寡。

⑵需求強弱會決定 GDP 多寡。

⑶生產能力與需求這兩者之間的平衡很重要。

在結束本章之前，讓我們再看一次圖 9-1。觀察 GDP 走勢，不難發現在八〇年代中期到九〇年代，日本的確是景氣大好。然而，實際上當時是因為地價和股價等資產價格過熱，漲到超出原有實力的水準，「資產泡沫」成為常態，也就是所謂的「景氣泡沫」。當時，刻意恐嚇騷擾，強迫住戶讓出土地的「都更流氓」，以及貧富差距擴大等問題層出不窮。這些問題背後的原因，在於生產能力的發展未臻健全，追不上市場的龐大需求。換句話說，會吹起所謂的「泡沫」，是因為民眾對於前景預估過於樂觀，使得需求異常增強，較生產能力高出許多所致。在這個「泡沫」瓦解之後，市場上的需求銳減，GDP 長期不見成長，陷入了所謂的「平成不況」（平成不景氣）。這個例子，更印證了我們在本章探討的「生產能力與與需求這兩者之間的平衡」是何等重要。一旦兩者失衡，經濟的震盪就會加劇，對生活的負面影響也會隨之而起。那麼，究竟該如何維持兩者之間的平衡呢？要思考這個問題，需先對每個需求項目，以及對政府應發揮的功能等概念，做一番更深入的探討——這個部分，我們就留待下一章之後再學習。

❓ 動動腦

1. 試舉出一些例子，說明你生活周遭的生產能力，並想想「生產能力高低」指的是什麼意思？

2. 生產能力目前是否已獲得充分運用？如果沒有，原因會是什麼？

3. 在本章當中，我們學到生產能力與需求因素的平衡，是決定 GDP 的重要關鍵。當年金融海嘯造成日本 GDP 重挫，請試想這波金融海嘯，衝擊的是生產能力還是需求？

參考文獻

《經濟學入門》（第 4 版），伊藤元重著，日本評論社，2015 年。

《入門經濟學》（第 2 版），葛雷葛利・麥基著，足立英之、石川城太、小川英治、地主敏樹、中馬宏之、柳川隆譯，東洋經濟新報社，2014 年，第 8 章。

《高度成長》，吉川洋著，讀賣新聞社，1997 年，第 7 章。

第9章

進階閱讀

《新版總體經濟學》，中谷武等著，勁草書房，2010 年。

《教你看懂日本經濟的經濟學》，菊本義治等著，櫻井書店，2007 年。

《凱因斯》，吉川洋著，筑摩新書，1995 年。

第 10 章

消費需求與投資需求

序章
第1章
第2章
第3章
第4章
第5章
第6章
第7章
第8章
第9章
第10章
第11章
第12章
第13章
第14章

1. 前言

在前一章當中，我們已經學過需求強弱是決定 GDP 多寡的重要因素。需求是否強勁，可以讓景氣變好，也能讓景氣變差。只要沒人想買，再怎麼精心打造的商品，都會淪為浪費；只要沒有足夠的需求，空有再多生產能力，也無用武之地，同樣會淪為浪費。生產能力雖有過剩卻閒置不用，就是景氣低迷的狀態。因此，了解總體經濟的需求如何訂定，是很重要的學習步驟。

從事經濟活動的主體，可分為「民間」與「政府」。總體經濟的需求，絕大多數都來自於民間。政府需求是經議會等審議通過後定案，故在此暫不討論。本章僅先針對民間需求的部分，做進一步的探討。

你我的金錢花用，可分為「消費」和「投資」這兩大類。而所謂的「民間」，其實還可再細分為「家計單位」和「廠商」。家計單位主要進行的是消費，廠商主要進行的則是投資。在本章當中，我們要來學習家計的消費需求和廠商的投資需求該如何衡量。總體經濟的消費與投資需求，畢竟還是由每一個的家計單位和廠商的消費、需求加總而來，因此我們只要好好想一想「家計單位或廠商會怎麼做」即可。

2. 日本的消費與投資

◇消費與投資的變化趨勢

　　圖 10-1 呈現的是日本消費與投資的變化趨勢。從圖中可以看出，近三十年幾乎是翻倍的成長。相較於景氣大好的八〇年代到九〇年前半，九〇年代中期以後的成長幅度相當有限。當景氣熱絡時，消費與投資都會增加；景氣低迷時，消費與投資不僅難有成長，甚至還可能會衰退。

【 圖 10-1　消費與投資的變化趨勢 】

（兆日圓）

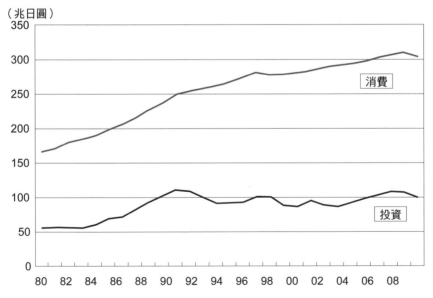

資料來源：日本內閣府經濟社會綜合研究所

第 10 章

◇消費與投資在總體經濟支出中的占比

接下來，讓我們來看看消費與投資在總體經濟支出當中的占比（圖 10-2）。消費約占總體經濟的六成，投資約占兩成。綜上所述，在總體經濟的支出當中，民間的消費與投資約占八成。因此，民眾對消費與投資的態度變化，將大大地影響總體經濟的需求。

◇消費與投資的變動率

本節最後再讓我們來看看消費與投資的年度變動率（圖 10-3）。所謂的年度變動率，代表的是和前一年度相比的變化程度，數值越大，變動程度就越多；正值代表增加；負值代表減少。以消

【圖 10-2　消費與投資在總體經濟支出中的占比】

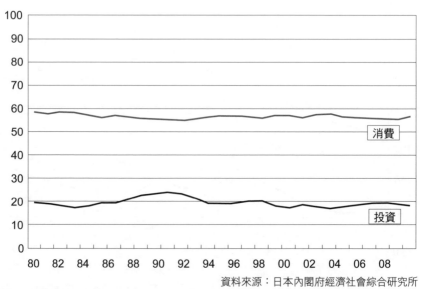

資料來源：日本內閣府經濟社會綜合研究所

費為例，幾乎都是呈現正值，或趨近於零，也就是幾無變化的意思。即使在景氣惡化，所得減少的情況下，民眾也不會突然降低生活水準，大幅降低消費。反之，就算景氣大好，所得增加，民眾也不會突然揮霍無度。因此，消費不至於會有太大的變動。

　　然而，從圖中也可以看出，投資和消費不同，不論正、負，都呈現劇烈震盪的走勢。這是因為廠商的大型工廠建設等投資，往往一出手就是一筆龐大支出。再者，廠商在研判景氣即將好轉時，就會把握機會大舉投資；反之，一旦認定景氣即將轉壞，就會暫停擴張新事業等投資，待景氣復甦時再評估。消費不致於歸零，但投資就有可能歸零。因此，總體經濟的投資，很容易出現大幅變動。

【圖 10-3　消費與投資的年度變動率】

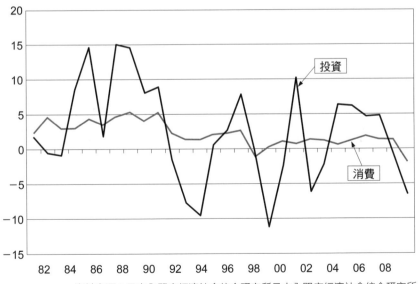

資料來源：日本內閣府經濟社會綜合研究所日本內閣府經濟社會綜合研究所

綜上所述，我們可以這樣說：消費的特色是規模大但變動少；投資的特色則是規模小但變動多。既然總體經濟的需求變動，是牽動景氣上行或衰退的因素，那麼掌握占需求大宗的「消費」與「投資」具有哪些特徵，便更顯得重要。

3. 消費需求

◇何謂消費？

消費是經濟活動的基礎。民眾每天都在消費各式各樣的商品，以從中獲取滿足（在經濟學上稱為「效用」）。若問「人為什麼要從事經濟活動？」那麼答案就是「為了消費」。包括勞動和生產在內，所有經濟活動的最終目的都是消費。而民眾打算消費的金額多寡，就是所謂的「消費需求」。

消費又可分為「財貨」與「勞務」這兩大類。所謂的「財貨」，指的就是有形的「物品」，例如蔬菜和電視機等。而財貨還可再細分為「耐久性消費財」（durable consumer goods）與「非耐久性消費財」（Non-durable consumer goods）。耐久消費財是不會只使用一次就消費完畢（耐久）的財貨，例如電視機或汽車等，都可持續使用好幾年，不會因為用過一次就消失，因此被稱為耐久性消費財。反之，像蔬果等食品，都是一經使用（吃掉）就沒有（不耐久），所以才稱之為非耐久性消費財。至於所謂的「勞務」並非物品，是由他人提供服務，而我們則為這個服務行為付費，例如教學課程、搭計程車等。

◇可支配所得與儲蓄

我們收到的所得，因為要繳納一些必須付給政府的款項，例如稅金和社會保險等，所以通常無法全數自由使用。扣除稅金和社會保險後的金額，也就是一般所謂的實領薪資，因為是可以用來消費的所得，所以稱之為「可支配所得」（disposable income）。而在可支配所得當中未消費的部分，則稱為「儲蓄」。換句話說，也就是「儲蓄＝可支配所得－消費」。儲蓄是未用於消費的可支配所得，所以反過來說，可支配所得當中沒轉為儲蓄的部分，就是消費。決定消費多少，同時也就決定了儲蓄多少。再者，現在沒有用於消費的所得，仍會在未來消費，所以我們也可以說儲蓄就是未來的消費。決定消費與儲蓄的多寡，等於就是決定所得在當下與未來的花用分配。既然如此，那麼民眾在決定消費或儲蓄之際，究竟會考量哪些因素呢？

第**10**章

【圖 10-4　可支配所得】

◇決定消費需求的因素為何？

雖說消費的變動不大，但它在總體經濟需求當中的占比相當可觀，即使是些微波動，仍會對景氣帶來極大影響。那麼，決定總體經濟消費需求強弱的因素，究竟是什麼呢？

首先，對消費影響最深的，是可支配所得。可自由花用的錢越多，可想而知當然消費力道也會增強；反之，可自由花用的錢越少，消費力道自然也會減弱。此外，「未來所得的預估」也對消費影響甚鉅。當我們預期自己未來的所得即將減少時，就算現在所得豐厚，還是會降低消費力道——這是因為我們選擇為將來的所得減少未雨綢繆，提前儲蓄的緣故。舉例來說，假如我們預期將來所得會因為增稅或不景氣而減少，我們削減當前的消費，增加儲蓄；反之，如果我們預期未來的所得會增加，即使現在所得不多，消費金額仍會上揚。例如當我們預期所得未來會因升職和景氣上行等因素而增加時，就會選擇加強當前的消費力道。基本上，人都偏好盡可能少變動的消費模式，不喜歡今年過得豪奢揮霍，明年過得三餐不繼。所以就會像上述這樣，試圖預測未來的狀況，以期每年都能維持相同的消費水準。

下一個會對消費影響較大的因素是物價。當物價偏高時，民眾就會盡量縮減消費，總體經濟的消費需求自然就會減少。反之，當物價偏低時，消費需求應該就會增加。此外，民眾對未來的物價預估，也會大大地影響消費的多寡，這項特質和所得一樣。倘若民眾認為未來物價還會再下跌，那麼即使現在物價已經偏低，消費力道仍會縮減——這是因為民眾刻意節制消費，要留待物價更便宜時才出手的緣故。舉例來說，如果我們看衰房價、地價，那麼即使現在

房價、地價已經跌到你我負擔得起的水準，我們應該還是會選擇觀望不進場。因此，在物價持續走跌時（通貨緊縮），因為民眾懷有「說不定會再跌」的預期心理，所以很難擴大消費。反之，當民眾預期未來物價還會再漲時，即使當前物價已來到偏高水準，消費力道仍會增強——這是因為民眾認為「現在不買，將來可能會貴得買不起」的緣故。例如當民眾預期消費稅即將調漲，或減稅的特別優惠措施即將結束時，趕在期限前消費的情況就會明顯增加。因此，在物價持續上漲時（通貨膨脹），因為民眾懷有「說不定會再漲」的預期心理，所以消費很難降溫。綜上所述，當物價下跌（上漲）時，消費就會增加（減少），但在物價持續下跌（上漲）的情況下，反而會發生消費減少（增加）的現象。

　　在本節最後，讓我們再來看看利率對消費的影響。近幾年來，日本一直處於「把錢存在銀行也拿不到什麼利息」的狀態。那麼，當利率上升時，民眾的消費行為會出現什麼樣的變化呢？利率對民眾的儲蓄行為（反過來說，其實就是消費行為）會帶來兩種影響。第一種是既然存款利息會增加，就會有人為了想多領一些利息而更積極儲蓄，以致於對消費產生負面影響；另一種影響是既然存款利息會增加，有些民眾就會認為每月為達到預設存款目標所做的儲蓄金額可以降低，於是便加強消費力道，對消費形成正向刺激。這些都是每個家計單位各自的想法，因此升息對總體經濟的影響究竟會是正還是負，誰都說不準。換句話說，即使利率上升，我們仍無從得知總體經濟當中的消費，究竟是會增加還是減少。

第10章

4. 投資需求

◇何謂投資？

所謂「投資」，就是廠商等經濟主體為創造新的附加價值而購買財貨。換言之，為追求獲利而購買財貨的行為，就稱為投資。而廠商打算投資的金額多寡，就是所謂的「投資需求」。我們平常所說的「投資」，多半是在進行買股票等理財操作時所用的詞彙，但它在經濟學上所代表的涵義略有不同，請各位多加留意。例如廠商為了生產商品而買下工廠等建築物，或購置機器設備，就是經濟學上所稱的投資。而這樣的投資，我們稱之為「固定投資」（fixed investment）。其他像是家計單位購屋（住宅投資，residential investment）或廠商的存貨變動，也都歸類在投資的範疇。在總體經濟的投資當中，絕大多數都是廠商的固定投資。

投資採購而來的機器設備，是要用來生產的資本。這樣的機器設備和耐久性消費財一樣，都不是一經使用就消失，因此廠商每次投資，都是在累積資本。廠商的資本增加，就會僱用更多勞工，帶動總體經濟的生產能力隨之上升。所以，投資其實就是經濟發展的泉源。

專欄 10-1

乘數效果

　　當總體經濟的需求變少，民眾的所得也會隨之降低——這是因為需求強弱會影響產量和所得的緣故。然而，所得多寡也會影響需求強弱，例如我們在本章學過的消費需求，就會受到所得多寡的影響。像這種會受所得多寡影響的需求，我們稱之為「誘發性需求」。另外，投資需求不受所得影響，與所得多寡脫鉤發展，故稱之為「自發性需求」。若所得會受需求影響，需求又會受所得影響，那麼究竟會出現什麼樣的狀況呢？

　　假設現在有一家廠商正在發展新事業，並已進行投資。這表示廠商增加了一些新的投資需求。然而，就總體經濟來看，需求的增加不會僅止於這筆投資的金額，因為這筆投資需求的增加，會化為所得的成長，再誘發新的消費需求增加。而這些消費需求的增加，還會再帶動所得成長，一波波地刺激誘發性需求。

　　舉例來說，假設某家廠商決定投資，採購了價值百萬日圓的機器設備。此舉增加了百萬日圓的需求。同時，對銷售機器設備的人而言，收到了百萬日圓的貨款，等於是所得增加了 100 萬。如此一來，這個人應該會從這筆新增的所得當中，拿出部分——比方說是 70 萬日圓來消費。起初那筆百萬日圓的投資需求增加，先是化成了百萬日圓的所得增加，接著誘發了 70 萬日圓的消費需求。此外，這 70 萬日圓的消費，會成為某人的所得，進而再誘發消費需求……這樣的過程一再重複，引發一波波刺激，直到誘發需求歸零為止。

　　一旦需求上升，它就會接連創造出更多需求，到最後創造出來的需求金額，會比當初那筆投資更多出好幾倍——這樣的現象，我們稱之為「乘數效果」（multiplier effect）。這裡所謂的「乘數」，就是計算乘法時所乘的倍數，英文是 multiplier。

第 **10** 章

◇決定投資需求的因素為何？

包括固定投資在內，投資每一筆的量體都很龐大，變動也很劇烈，因此它對總體經濟需求的影響，當然不容忽視。就「購買財貨」的觀點而言，投資和消費並無二致，但兩者購買財貨的目的不同，所以會受影響的因素也不同。

首先，對投資需求影響最大的，就是利率。廠商在投資時，會向金融機構借款。利率越高，還款就越辛苦，所以願意借款來投資的廠商就會變少；反之，利率越低，願意借款的廠商就會變多。

廠商在評估是否投資時，會考慮投資所帶來的獲利，是否或大於還款時須付的利息。如果投資獲利大於還款利息，那麼在償還借款和利息後，還是能留有獲利，所以廠商應該就會願意借款投資；反之，如果投資獲利小於還款利息，這筆投資就會出現虧損，因此廠商應該不會借款投資。在總體經濟當中，各式各樣的廠商都有投資計劃。倘若利率偏低，就有更多廠商可能在投資計劃當中獲利；但如果利率偏高，精心準備的投資計劃就更有可能出現虧損，於是廠商便會決定不執行。這裡要特別留意的是：廠商在評估投資時，考量的是新的投資行為會帶來多少獲利，不包括過去所累積的資本。即使廠商已經累積了相當龐大的資本，追加投資是否執行，仍要看獲利是否大於借款利息而定。

另一個會對投資需求帶來顯著影響的，是對未來的景氣預測。廠商投資的資本要花一段時間，才能正式投入生產。因此，廠商也只能根據一些預測，來評估是否投資。如果預測未來景氣將轉好，廠商對獲利的預測就會較為樂觀，連帶也會比較願意出手投資；反之，如果預測未來景氣將變差，廠商對獲利的預測就會較為保守，

導致願意出手投資的廠商變少。這裡要特別留意的是：會影響投資
意願的，不是當下的景氣狀況，而是對未來的景氣預測。不論當下
的景氣有多熱絡，只要廠商預期在投資執行完畢，正式投入生產時
的景氣會回落，恐怕就不會決定啟動投資。對未來的預測，會影響
現在的行為——這個概念在消費和投資上都是一樣的。

　　然而，畢竟沒有人能滴水不漏地準確預測未來，因此投資順利
與否，誰也說不準。不過，如果廠商只做那些獲利相當安全、穩當
的投資，恐怕社會上就不會有今日這樣的經濟發展了吧？其實很多
企業家在面對充滿不確定的事業時，都拿出了不畏失敗、勇於挑戰
的態度，最後才贏得了成功。這些成功背後固然也有許多失敗，但
他們積極挑戰的野性欲望（animal spirits），的確推動了經濟的發展。

第 **10** 章

專欄 10-2

刺激景氣方案

「刺激景氣方案」是指政府為刺激景氣而推動的經濟政策。刺激景氣方案的方法包羅萬象，在此僅為各位介紹與消費、投資相關的方案。當市場上的需求力道不足時，勞動力等生產能力就無法獲得充分運用，導致失業增加，景氣惡化。為了讓市場擺脫這種因需求不足所引發的不景氣，政府會祭出一些經濟政策，以擴大消費與投資需求，我們稱之為總合需求管理（aggregate demand management）政策，是刺激景氣方案的一種。日本政府自一九九〇年代後半起，推動多種政策，以期能刺激消費與投資需求。以下是主要與消費、投資相關的刺激景氣方案：

- 4 兆日圓的所得稅、個人住民稅減稅特別方案（一九九八年）
- 針對 15 歲以下與 65 歲以上民眾，每人發放價值兩萬日圓的地方振興
- 消費券（一九九九年）
- 降低房貸稅率，以鼓勵購屋
- 為鼓勵投資中小企業、新創企業和資訊業，提供減免等稅務優惠
- 推出零利率與量化寬鬆政策，以壓低銀行存、放款利率。
- 針對 15 歲以下與 65 歲以上民眾，每人發放 2 萬日圓定額補貼；其餘民眾則發放每人 1 萬 2 千日圓。
- 環保點數、環保車減稅
- 兒童津貼、高中實質免學費

總合需求管理政策不只有擴大民間消費和投資的政策，政府還有一些可以直接增加需求的方法，例如擴大推動公共建設，興建水庫、道路等。這些都是從需求端切入的刺激景氣方案。

除此之外，還有一些從供給端切入的刺激景氣方案，例如鬆綁法規限制等。近年來，日本政府在資通訊和金融等領域，都鬆綁了一些法

規。一旦放寬限制，就能促進業者良性競爭，進而活化經濟。也就是說，競爭能催生出新的產業與技術，就業機會、消費與投資也會隨之增加。再者，競爭還能加速汰除效率不彰、缺乏競爭力的產業領域，有助於提高生產力。

　　過去日本政府祭出了各種刺激景氣方案，但經濟仍被景氣低迷壓得喘不過氣。究竟要推出什麼樣的刺激景氣方案，才能打敗當前的不景氣呢？

第 **10** 章

5. 結 語

在本章當中，我們學習了消費與投資的概念。我們在第九章學過，當需求不足，生產能力（供給能力）相形過剩時，就是所謂的不景氣狀態；反之，當需求旺盛，足以消化生產能力時，就是所謂的景氣熱絡；如果需求更進一步爆發到超出生產能力的地步，景氣就進入了過熱狀態。由此可知，需求的變化是景氣變動的主因。消費與投資占了總體經濟需求面的極大部分，因此它們的變動，會對總體經濟的需求變化影響甚鉅。所以，要知道哪些因素會對消費與投資造成影響，就要先了解為什麼景氣會有好壞波動。

當市場上需求疲軟，景氣降溫時，常會有人說「因為大家都不花錢，才會這麼不景氣。所以大家要多花錢，景氣才會好。」然而，大家其實也都明白這個道理，但越是不景氣，大家越會看緊荷包——民眾覺得不景氣時要節衣縮食，最好盡量不消費；同樣的，廠商也會覺得不景氣時不宜啟動新投資，應避免擴大事業版圖。在這樣的氛圍之下，總體經濟的需求只會越來越少，景氣也隨之惡化。

若任由事態發展下去，景氣狀況還會更糟。政府必須透過各項政策的推動、執行，掌控民眾的消費、投資行為，穩定景氣。

❓動動腦

1. 試想該如何衡量你自己上個月的消費金額。
2. 假設你這個月的可支配所得多了一萬日圓，你的消費會增加多少。
3. 前面我們學過，在進行投資決策時，「動物本能」是一項很重要的因素。人類在面對不確定性時，會選擇積極行動嗎？請回想你自己和周遭的人，想一想這個問題。

參考文獻

〈平成 12 曆年連鎖價格 GDP 需求項目別時序表〉內閣府經濟社會綜合研究所。
〈平成 16 年全國消費實態調查〉總務省統計局。

進階閱讀

《入門經濟學》（第 2 版），葛雷葛利・麥基著，足立英之、石川城太、小川英治、地主敏樹、中馬宏之、柳川隆譯，東洋經濟新報社，2014 年。
《從基礎學會總體經濟學》（第 3 版），家森信善著，中央經濟社，2011 年

第 **10** 章

第 11 章

貨幣與金融

序章
第 1 章
第 2 章
第 3 章
第 4 章
第 5 章
第 6 章
第 7 章
第 8 章
第 9 章
第 10 章
第 11 章
第 12 章
第 13 章
第 14 章

1. 前言

請各位想像一下：「如果錢（貨幣）從這個世界上消失了，會怎麼樣？」假設有一戶番薯農家想吃魚，因為社會上沒有「錢」，所以這位農夫只好跑去找漁夫，表示想用番薯交換魚，但漁夫並不想吃番薯。這場以物易物（barter）的交易要能成立，必須要漁夫剛好也想要番薯才行（double coincidence of wants，意願雙重巧合）。由此可知，以物易物須仰賴因緣際會的成分，無法保證每次都能交易成功。如果是有「錢」存在的社會，農夫只要把番薯賣到市場上，再用收到的錢去買魚即可。

我們在購物時，總是很自然地從錢包裡掏出錢（現金），用它來換得各式各樣的商品。不過，現金雖是日本銀行印製的紙鈔，作工非常精緻，但說穿了就是紙片。為什麼紙片可以換得到商品呢？這是因為日本民眾願意信任、收受日本銀行券的緣故（我們把這樣的信任稱之為「普遍接受性」，英文是 general acceptability）。各位或許覺得這是很理所當然的事，但這樣的信任並非永遠成立。例如在二戰後的日本，或近年有些經濟崩盤的國家，民眾對紙幣失去信心，就曾出現過用米糧或衣服等物品，或以美金等外幣交易的情況。

如今，貨幣在世界上已是不可或缺的工具，不過它同時也引發了各種問題。在本章當中，要先為各位介紹一些貨幣和金融的基本概念，它們都是在探討貨幣問題時，會派上用場的知識。

2. 何謂貨幣

　　貨幣究竟是什麼呢？日本人第一個會想到的貨幣，就是日本銀行券。日本銀行是全日本唯一一家可以發行銀行券的銀行（我們稱之為「鈔券發行銀行」），又稱為中央銀行。日本銀行券就是所謂的現金通貨，每個人的錢包裡應該或多或少都有一點——它們的確是貨幣，但貨幣並不只有日本銀行券這一種。那麼，究竟什麼是貨幣？目前，我們會把具備以下三種功能者稱為貨幣：①交易媒介（medium of exchange）②計價單位（unit of account）③價值儲藏（store of value）。以下就讓我們依序來看看這三項功能。

◇交易媒介功能

　　所謂的「交易媒介」，是指可用貨幣換取商品、進行交易的功能。在日本購物時，只要顧客拿得出現金（日本銀行券），賣家個個都會很樂意出售商品。換句話說，「日本銀行券」就是大家的交易媒介。不過，除了日本銀行券之外，還有其他工具能擔負起同樣的任務。以活期存款為例，電費、瓦斯費等公共事業的費用，想必很多人都是從帳戶扣款繳納；此外，如果各位有信用卡，消費金額之後會從銀行扣款，所以即使手邊沒現金也能購物……由此可知，現金通貨只不過是眾多付款方式當中的一種罷了。

第 **11** 章

◇計價單位功能

第二種功能是計價單位功能。「計價單位」是什麼意思呢？它指的是「用來呈現商品價值的共通單位」。舉例來說，我們去買東西時，商店裡的所有商品上都有標價，寫著「500圓」、「1000圓」等金額。如果我們不用貨幣來當作計價單位，一顆蘋果的價格可能是「兩顆橘子」，到了另一家店，同樣的商品說不定會標價「兩枝鉛筆」。這樣一來，我們就無法判斷究竟哪一家店賣得比較便宜。用可比較的共通單位來呈現價格——這也是貨幣很重要的功能之一。

◇價值儲藏功能

貨幣的第三種功能是價值儲藏功能。如字面上所示，這項功能就是透過貨幣，把經濟價值留到未來。用貴金屬、不動產或股票等形式來儲藏財產價值的人，固然不在少數，但透過現金、存款來儲藏價值，可說是最具代表性的手法。

◇「貨幣數量」的定義

通常我們會把具備以上三項功能的工具稱為貨幣。但這些工具五花八門，有些適合當貨幣，有些並不適合。究竟該如何界定貨幣的範疇？其實貨幣有很多種不同的定義。一般而言，我們會用來當作貨幣數據討論的，是現金通貨與存款貨幣（deposit money）的總和（我們稱之為「M1」），以及 M1 加上定期存款等的總和（我們稱之為「M2」）。也就是像下列這樣：

> M1 ＝現金通貨 + 存款貨幣
> M2 ＝ M1+ 定期存款等

所謂的定期存款，就是利息比活期存款略高一點，但條件是錢必須存放一段時間（例如一年）的一種存款。要將它換成現金，難度會比活期存款換現稍高，但只要當事人到銀行窗口去辦理，基本上都可以解約。此外，若客戶的貸款申辦金額未超過現有定存，很多日本的銀行都會無條件提供低利優惠。綜上所述，所謂的貨幣，通常包括現金，以及隨時都能輕易變現（我們稱之為「流動性高」）的活期存款和定期存款。

而貨幣數量的多寡，和我們的經濟活動息息相關。若要讓經濟活動順暢運作，那麼妥善地管控貨幣供給量，便顯得格外重要。貨幣的供給過量或不足，都會造成經濟活動上的諸多問題，例如通貨膨脹或緊縮，就是其中的一個例子。當貨幣供給過量時，就有通貨膨脹之虞。例如在第二次世界大戰後，許多國家都爆發了惡性通貨膨脹（hyperinflation）。當市場上多數財貨、勞務的價格持續上

第 **11** 章

升時，我們稱之為通貨膨脹（通膨）；而程度更嚴重時，就稱為惡性通貨膨脹。這個例子或許有些極端，但在社會爆發惡性通膨時，我們走進餐廳時的餐點價格，在用餐完走出餐廳時，恐怕就已經有變。倘若貨幣價值在一天之內暴跌好幾十分之一，甚至好幾百分之一時，誰都不會想持有這種貨幣，於是經濟就會混亂失序。反之，當市場上多數財貨、勞務的價格持續下跌時，我們稱之為通貨緊縮（通縮）。買方抱持「再等一等，價格就會跌」的心態，於是大家都不急於消費。需求減弱，廠商當然會很煩惱，連帶生產和工作機會也會隨之減少。

圖 11-1 所呈現的，是日本自一九七〇年起的物價變化趨勢。由圖中可知，日本的物價水準變動甚鉅，從七〇年代的高通膨時期之後，物價緩步下滑，如今反而面臨通縮問題。誠如各位所知，若要經濟正常運作，那麼妥善管控貨幣供給量，就顯得格外重要——而這也是中央銀行的重要任務。

【圖 11-1　日本的通膨率（消費者物價指數（對去年比））】

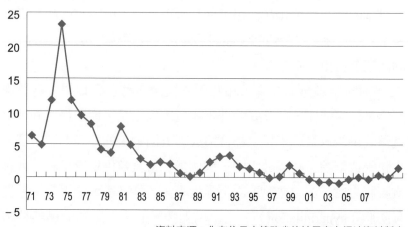

資料來源：作者依日本總務省統計局官方網站資料製表

3. 何謂金融

◇有餘單位與赤字單位

很多經濟主體都在經濟社會中活動，包括家計單位、廠商和政府等。這些經濟主體有些受雇領薪，有些經營公司行號獲利，再用收入支付消費和投資等必要的開銷。然而，收入和支出不見得會隨時一致。不同的經濟主體，甚至是同一個經濟主體在不同時期，都可能出現收入大於支出，或支出大於收入的情況。前者是資金過剩狀態，後者則是資金不足狀態。資金不足的人或單位，必須設法找地方借；資金過剩的人則要放眼未來，設法運用，以免過剩資金閒置。

如此一來，我們就需要一個機制，好讓資金過剩的經濟主體，能順利地把資金融通給資金不足的經濟主體——這就是所謂的金融。一般而言，資金過剩單位（有餘單位，surplus unit）當中最具代表性的是家計單位；資金不足單位（赤字單位，deficit unit）當中最具代表性的是廠商和政府部門。因此，所謂的金融，就是融通資金的經濟活動——把家計單位當中的剩過資金，融通給資金不足的廠商或政府。當然在家計單位當中也有赤字單位；在廠商之中也會有資金過剩的企業。不過就總體經濟來看，還是以家計單位為有餘單位，廠商和政府則是赤字單位。

第 11 章

◇間接金融

負責在有餘單位和赤字單位之間安排資金融通的，是包括銀行在內的金融機構（我們稱之為「金融中介機構」，financial intermediary）。這種由金融機構居間中介的融資方法，我們稱之為「間接金融」（indirect finance）；相對的，赤字單位也可能不以金融機構為媒介，直接向有餘單位借款，我們稱之為「直接金融」（direct finance）。那麼，間接金融和直接金融究竟有何不同呢？

假設現在某家廠商的投資資金短缺一億日圓。這家廠商可以選擇向銀行申辦融資貸款，此舉的好處是廠商可以長期觀點來操作投資行為。即使廠商要投資的這項事業須長期投入，短期內看不到獲利，仍能尋求有往來的銀行協助，透過貸款來進行投資。再者，因為有銀行居間中介，所以即使各個家計單位存放在銀行裡的金額低，存放期間也短，但廠商還是可以爭取到鉅額且長期的融資。不過，廠商不論業績好壞，都必須連本帶利還款給銀行。

◇直接金融

這家廠商還可以選擇不向商業銀行借款，而是改以發行股票或公司債等債券來籌措資金——這就是所謂的直接金融。很多廠商都是「股份有限公司」，發行股票向投資人募資，日後再將部分獲利轉為配息發給股東。倘若廠商獲利有限，可選擇不配息，這一點和向商業銀行借款不同。此外，如果廠商信譽良好，還能發行公司債，直接向投資人募集資金。儘管公司債仍須支付利息，但萬一廠商倒閉，股票和公司債會淪為白紙。由此可見，直接金融的融資風險是投資人自負，而不是廠商承擔。

◇證券市場

其實，會借貸的不只有廠商和家計單位。政府也是赤字單位，會發公債來籌措短缺的資金。廠商或個人破產時有所聞，但政府也有可能無力償債，況且還不只會發生在開發中國家。二○一○年五月，國際貨幣基金（IMF）和歐盟各國通過紓困案，決議共同貸款援助深陷財政危機的希臘。日本的公債發行餘額也相當可觀，處境已不容隔岸觀火。

股票、公司債和公債等債券，都會在市場上買賣，而這個市場就是所謂的證券市場。證券公司把新發行的股票或公司債賣給投資人，或由投資人向證券公司下單，在證券市場買賣股票或公司債。不過，目前商業銀行等機構也會銷售公債，和以股票等成分所組成的金融商品。在證券市場上，總會有新的證券商品不斷問世，供投資人買賣。其中有些證券的風險較高，還曾發生過價格崩盤的情況。

◇利率

探討金融議題時，是否確實了解「利率」這個概念，顯得格外重要。廠商在向銀行借貸資金時，必須支付利息，作為銀行提供資金的對價。假設向銀行貸款 100 億日圓，一年後要還 101 億，那麼多付的這 1 億，就是利息。本金 100 億日圓，利息 1 億，1％就是利率（放款利率）。當利率上升時，廠商借貸的難度就會升高。

對我們這些家計單位而言，利率的變動也很重要。把錢存在銀行，可領到存款利息。目前日本的存款利率趨近於零，但以往可是比現在高出許多。再者，我們也有機會向銀行借錢。例如買房時，

第**11**章

民眾多半都會申辦房貸。僅僅1％的利率之差，還款金額就會大不相同，因此我們也要多加留意利率的動向。

此外，我們還要留意實質利率（Real Interest Rate）和名目利率（Normal Interest Rate）的差異。實質利率和名目利率之間的關係如下：

實質利率＝名目利率－預期通膨率

名目利率是以貨幣額量測出來的結果，實質利率則是代表利息對應多少財貨、勞務。舉例來說，假設我們借了100萬日圓，名目利率是年息1％。名目利率1％，代表一年後要還的利息是1萬日圓。

不過，假設預期通膨率是－3％（3％通貨緊縮），代表物價正在下跌，一年後1萬日圓的價值，能買到比現在多3％的財貨、勞務。換句話說，實質利率其實是4％。當通貨緊縮，物價下跌時，實質利率會高於名目利率，借錢要付出價值更高的利息，所以對借款人不利，對放貸人有利。通貨緊縮會加重借款人的實質負擔，有可能拉低廠商進行設備投資的意願，讓景氣惡化雪上加霜。由此可知，我們要關心的，不只是表面上的利率（名目利率）而已。

4. 金融政策

◇貨幣乘數與信用創造

　　中央銀行會依市場經濟狀況調控貨幣供給量或利率，推動相關金融政策。不過，中央銀行其實並不能直接管控貨幣供給量，這一點要請各位特別留意。商業銀行在中央銀行都設有存款帳戶，因為銀行要創造存款貨幣，就必須將一定比例的存款提存到中央銀行當準備金。這種準備金除了法定準備金之外，還有商業銀行可以自由提存的超額準備（Excess reserves）。而準備金在存款金額當中的占比，就稱為存款準備率（Required reserve ratio）。

　　中央銀行可以操作的，就是這些銀行準備金加上現金通貨所構成的貨幣量（我們稱之為「貨幣基數」，monetary base），無法直接就整體貨幣供給量進行管控。貨幣供給量與貨幣基數之間的關係是：

> **貨幣供給量＝貨幣乘數 × 貨幣基數**

　　這表示銀行創造出的貨幣供給量，是貨幣基數的倍數（貨幣乘數倍）。

　　這樣的關係得以成立，是因為商業銀行發行了存款貨幣（Deposit money），也就是在進行所謂的「信用創造」。我們可用以下的方式來思考，就會比較容易了解信用創造的概念：假設現在銀行的存款準備率是 10％，且又有一筆 100 萬日圓的現金通貨，存進了某家商業銀行。這家民間商銀可把 100 萬的現金通貨，都當作

第**11**章

專欄 11-1

直接金融與間接金融

　　一般認為，日本廠商的資金調度仰賴向銀行貸款融資，因此間接金融較居優勢。家計單位的金融資產也多以銀行存款的形式持有，股票、公司債等的持有率相當低。相對的，美國是以直接金融為主流，家計單位的金融資產當中，還包括了許多股票和公司債。

【圖 11-2　日本廠商的資金調度與家計單位的金融資產持有狀況】

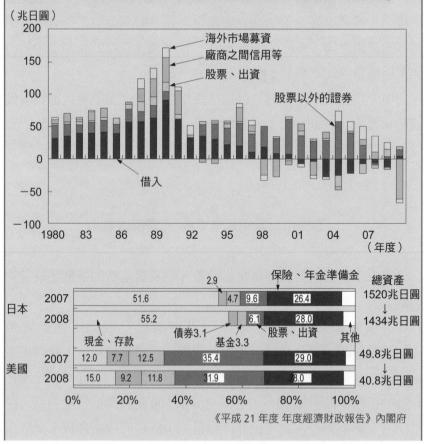

《平成 21 年度 年度經濟財政報告》內閣府

　　一九九○年代時，日本政府為了將東京打造成與紐約、倫敦等地分庭抗禮的國際金融中心，也為了提供更有吸引力的資產運用機會給家計單位，大刀闊斧地推動了金融證券市場的改革，被稱為是日本版金融大變革（Big Bang）。這一波改革的理念，是要將東京打造成自由（Free）、公平（Fair），且全球通用（Global）的國際金融市場。

　　從圖 11-2 當中可以看出，日本「間接金融居於優勢」的結構，已逐漸開始轉變。自一九八九年以後，廠商向銀行的借貸減少，透過公司債等方式調度的資金變多；此外，自二○○三左右起，從海外金融市場籌措的資金也在增加。

　　不過，從日本家計單位的金融資產持有比例來看，銀行存款仍佔多數，和美國民眾願意承擔風險，持有股票或公司債的情況大相逕庭。日本的股市、債市更有許多外國投資人進場投資。

第11章

是 10%的存款準備，也就是最高可以貸放 100 萬 ÷ 10% = 1000 萬圓。銀行一開始就會把收存的這 100 萬現金當作追加提存的準備金，於是自己就可以多貸放（創造存款貨幣）1000 萬日圓。

若貨幣乘數穩定，中央銀行就可透過操縱貨幣基數來控管貨幣供給量。然而，貨幣乘數的變動，也和商業銀行的行為息息相關。當商業銀行對放款採取審慎態度時，貨幣乘數就會變小；貨幣乘數變小時，即使中央銀行設法增加貨幣基數，對貨幣供給量的拉抬力道可能還是有限。圖 11-3 呈現的是日本在泡沫經濟瓦解後的貨幣基數與貨幣供給量成長率。面對長期的景氣低迷，日本銀行設法大幅增加了貨幣基數，可惜貨幣乘數走低，從圖中可以看出，貨幣供給量並沒有太顯著的成長。

【圖 11-3　貨幣基數與貨幣供給的變化趨勢】

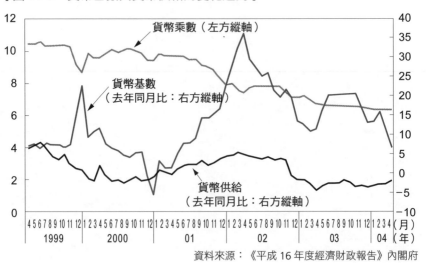

資料來源：《平成 16 年度經濟財政報告》內閣府

◇金融政策手段

接下來再讓我們想一想：中央銀行有哪些具體的政策，可以調控貨幣供給？在金融政策方面，央行有三種手段：①公開市場操作（open market operation）②存款準備率操作③重貼現率操作（discount rate）。

「①」的「公開市場操作」，指的是中央銀行在債市買賣公債等債券，以調控貨幣基數的增減。例如央行只要在公債市場上收購公債，中央銀行券[8]就會釋出到民間市場，貨幣供給量便會增加——這就是所謂的買入操作，是央行想增加貨幣供給時所用的手法。反之，想減少貨幣供給時，央行就會把持有的公債拿到市場上出售（賣出操作）。公開市場操作可依不同的政策目的，主動而快速地執行各式調控，因此不論是當前或未來，它都會是主要的金融政策手段。

「②」的存款準備率操作，是透過調整法定準備率來影影商業銀行放款行為的政策手段。調降法定準備率，商業銀行就能承做更多貸款。

至於「③」所談到的重貼現率操作，則是指央行調整貸放款給商業銀行時的利息，也是央行的一種政策手段。以往，操作重貼現率是非常強效的政策手段，調整重貼現率，對經濟極具影響力。然而，如今它的角色已出現轉變，在日本甚至連「重貼現率」這個名稱，都已改稱為「基準放款利率」[9]。目前日本的政策利率是指在銀

第11章

8　由中央銀行所發行的鈔券。

9　日本銀行（即日本的中央銀行）於二〇〇六年八月時，將原本的「重貼現率」（公定步合）改稱為「基準貼現率及基準放款利率」（基準割引率および基準貸付利率，Basic Discount Rate and Basic Loan Rate）。

行同業往來所適用的隔夜拆款利率（Interbank Call Loan Rate），基準放款利率則會設定得比隔夜拆款利率略高。

那麼，把重貼現率當作金融政策的手段來操作，真的毫無意義嗎？日本銀行可透過基準放款利率的調整，向市場參與者表達政策立場。一般認為，重貼現率的操作，能影響市場參與者的預測，引導市場利率朝央行期望的方向變動。

金融政策的主要目的原是在穩定物價，但由於日本自一九九〇年代以後，走入所謂的「失落的二十年」，景氣長期低迷不振，財政赤字不斷累積，使得金融政策不得不擔負起刺激景氣的重任。日本銀行雖曾屢次調降重貼現率，但景氣復甦狀況卻都不如預期。「日

【表 11-1　基準放款利率（重貼現率）的變化趨勢】

調整日期	重貼現率（%）	調整日期	基準放款利率（%）
1990.8.30	6	2001.1.4	0.5
1991.7.1	5.5	2001.2.13	0.35
1991.11.14	5	2001.3.1	0.25
1991.12.30	4.5	2001.9.19	0.1
1992.4.1	3.75	2006.7.14	0.4
1992.7.27	3.25	2007.2.21	0.75
1993.2.4	2.5	2008.10.31	0.5
1993.9.21	1.75	2008.12.19	0.3
1954.4.14	1		
1995.9.8	0.5		

* 2001.1.4 以後為基準放款利率
資料來源：依日本銀行官方網站資料製表

專欄 11-2

日本銀行的政策訂定

　　金融政策是如何訂定出來的呢？日本銀行設有政策委員會，負責核定金融政策等重要事項。政策委員會的成員除了日本銀行總裁之外，還有兩位副總裁和六位審議委員，共計九人，人選還會從經濟學者或專家遴選，而成員名單須經日本國會同意後，再由內閣任命。

　　金融政策的基本方針，會在「金融政策決策會議」這個原則上每月召開兩次的會議中，由政策委員會以多數決的方式來訂定。日本的公債發行餘額龐大，透過財政政策來刺激景氣的做法，效果畢竟有限，因此金融政策可說是扛起了刺激景氣的重任。

　　不過，金融政策獨立於政府之外運作執行的趨勢，已是世界潮流。例如在紐西蘭等國家，在金融政策上有所謂的「通貨膨脹目標機制」（inflation targeting），將通膨率當作目標。通膨目標本身是由財政首長與央行總裁拍板定案，但政府不會介入央行在金融政策方面的運作執行。不過，萬一沒達成通膨目標，央行總裁可能會遭到罷免。

　　中央銀行有其獨立性，但相對也要對國民負起說明的責任。日本銀行向來都會公布金融政策決策會議的會議摘要和會議記錄，確實盡到了它的說明責任。

本經濟已陷入『流動性陷阱』，金融政策根本無法有效發揮作用」的說法，甚囂塵上。所謂的「流動性陷阱」（liquidity trap），就是當利率低於某個水準時，所有人都只想持有貨幣的狀態。當年各界紛紛要求祭出更積極的金融寬鬆措施，日本銀行迫於無奈，也只能推出「零利率」、「量化寬鬆」等獨步全球、史無前例的金融政策。

第11章

5. 結 語

在這個世界上，貨幣（金錢）已是不可或缺的工具，但它的確在經濟上引發了諸多問題。在本章當中，先為各位說明了貨幣、金融的相關概念與政策，以作為日後探討此類問題的基礎。

全球各地金融危機層出不窮，投機熱錢推升穀物和原油的價格，以致於社會上出現了一些動搖你我生活的情況。各國政府、央行和國際組織無不積極祭出各項對策，以防危機擴大，可惜成效不彰。要控制金融市場，難度確實很高，目前理論還追不上現實，也是不爭的事實。不過，正因為身處於這樣的時代，所以我們更需要好好學習經濟學和金融的基礎知識。

❓ 動動腦

1. 請上日本銀行的官方網站（https://www.boj.or.jp），查出目前最新的基準放款利率是多少。

2. 有人說當通貨膨脹時，債務人比較佔便宜，債權人則會吃虧。請試想為什麼會有這種說法？另外，請再想想通貨緊縮時，會出現相反情況的原因為何？

3. 當中央銀行憂心市場發生通貨緊縮時，會調高基準放款利率（重貼現率），還是降低？想一想原因是什麼。

參考文獻

內閣府《年度經濟財政報告》內閣府官方網站。
二宮健史郎《金融恐慌下的總體經濟學》中央經濟社，2006 年。
日本銀行〈日本銀行與金融政策〉日本銀行官方網站，2007 年。

進階閱讀

《初學金融機制》（第 4 版），家森信善著，中央經濟社，2013 年。
《金融論入門》，藤原賢哉、家森信善編著，中央經濟社，2002 年。
《總體經濟學 I（入門篇）》（第 3 版），葛雷葛利・麥基著，足立英之、地主敏樹、中谷武、柳川隆譯，東洋經濟新報社，2011 年。

第 11 章

第 12 章

政府的功能

序章
第1章
第2章
第3章
第4章
第5章
第6章
第7章
第8章
第9章
第10章
第11章
第12章
第13章
第14章

1.前言

近年來，我們的生活與政府的關係越來越密不可分。以稅賦為例，日本消費稅的稅率是 5% [10]，所以當我們購買 1050 日圓的商品時，當中有 50 日圓其實是在付消費稅；工作所領到的薪資，也必須繳納所得稅、住民稅和社會保險等費用。以年薪 600 萬日圓為例，要繳的稅額固然會因戶籍所在地、同住家人多寡而略有不同，基本上大概要繳納約 100 萬日圓的稅。此外，生活中還有各式各樣的稅賦，例如買了房子就要繳固定資產稅，有車階級要付牌照稅，所得贈與會有贈與稅，遺產繼承要付遺產稅，公司獲利要繳營利事業所得稅等。

這些稅金繳納的對象，是中央政府（在日本是日本政府）或地方政府（日本的都道府縣、區市町村）。中央和地方政府（以下簡稱政府）不僅要制定法令、條例，維持行政運作，還有國防、外交、司法、警政、消防，以及教育、社會服利等服務，更要整頓公共建設，例入興建機場、公路、公園與上下水道等。稅金是要支應這些建設與服務的必要開銷，或是付給從事相關工作者的薪資。以日本為例，二〇〇九年度（平成二十一年度）光是含公債收入在內的政府總決算歲入就超過了 100 兆日圓，占 GDP 的兩成，相當於平均每位日本國民繳納約 80 萬日圓。大家所繳納的這些稅金，究竟花到哪裡去了？本章就要來思考政府的經濟功能，並探討政府對經濟的介入。

---

10 譯註：2019 年已調漲為 10%。

2. 政府的經濟功能

　　當市場正常運作時，經濟就會因為市場機能（有人說它是「看不見的手」）的作用而呈現最有效率的狀態。然而，我們在第 I 部也曾談過，市場不見得會隨時處於完全正常運作的狀態。在現實世界當中，市場的確有可能運作失靈。舉例來說，日本二〇〇九年度的失業率是 5.2%。這些人就算再怎麼有意願，都找不到工作；近年來，我們更發現社會上有些族群雖有工作，但所得偏低，根本無法儲蓄未來所需；還有些地區出現交通不便或人口不足等問題。因此，政府必須出手介入經濟，發揮各項功能，以彌補市場的不足。綜上所述，政府在經濟上應發揮三項功能：「調整資源配置」、「所得重分配」和「穩定景氣」。以下就讓我們依序來探討這些功能內涵。

第 12 章

---

11 編註：相當於一般國家的「軍隊」。由於日本憲法的規定，及二戰後日本禁止徵招軍隊，
　　故「自衛隊」名義上非軍事組織。其主要功能是維持日本的自我防衛能力，但實際作用等
　　同其他國家的軍隊。

◇調整資源配置

「調整資源配置」是政府的經濟功能之一，誠如我們在第五章曾經說明過的，也就是由政府來供給民間部門經濟活動無法滿足的財貨與服務（公共財），例如自衛隊[11]（國防）、大使館（外交）、法院（司法）、警力（治安）、國高中小學與大學（教育）、醫院（社會福利）、道路、機場、港口（整建公共建設）等。它們都有一些特質：有些是個人或有需要者難憑一己之力生產的商品；有些是將來不可或缺，但短期內不易看到成效的先期投資；還有些是很難期待獲利商品。

我們以一般道路的闢建為例，來想想這個問題。道路是人與貨物往來流通之際，不可或缺的要素。然而，一般道路的闢建，需要購地、鋪設等，所費不貲。原本應該要向使用者收費，但除非像高速公路那樣設有明確的出入口，否則要向每位道路使用者收費，恐怕有執行上的困難。如果可以要求用路人都裝設 GPS（全球定位系統）記錄下使用道路的次數，或許還可以向他們收費，可是儀器設備和徵收成本，恐怕會是一筆龐大的費用；又或者是不用這些儀器，請用路人主動申報使用次數，但難免還是會有人只要坐享其成而不肯出錢，所以不見得每個人都會誠實申報。到頭來公路遲遲開不成，人與貨物都無法自由往來，導致消費與投資減少，經濟發展停滯。更何況國防、外交和警力，都是國家、社會難以切割的項目。像這些在經濟活動或發展上不可或缺，卻沒人願意提供的財貨與服務，就由政府代替民間出面，推動包括基礎建設在內的各項公共事業。

◇所得重分配

近年來，窮忙族（是指工資過低，以致於再怎麼工作，都很難賺得最低限度溫飽的社會階層，無論如何勤奮工作，都無法致富）等各種貧窮現象，已演變成社會問題。其背後的原因，在於人口高齡化、計時和派遣等非典型就業者的增加，導致工資差異擴大所致。

倘若這樣的差異，還不致於影響民眾維持日常生活所需（健康而有文化的生活），或許還能勉可接受；可是，如果這些差異帶來的結果，會使得民眾生病無法就醫，孩童無法接受足夠的教育，難以維持健康而有文化的日常生活時，恐怕就無法容忍了。換言之，政府在面對這些無法容忍的貧富差異時，會祭出「所得重分配」這項用來扭轉分配不均的措施，其方法有二：一是透過稅賦來進行所得重分配，二是透過社會保障來進行所得重分配。

「透過稅賦來進行所得重分配」是指在政府活動的資金來源——稅賦上設定不同負擔比重的一種方法，也就是讓高獲利廠商和高所得族群負擔較多稅金，低所得者則負擔較少稅金的意思。累進課稅就是最典型的所得重分配稅制。

而「透過社會保障來進行所得重分配」是指由政府提供各種社會保障（社會安全網），讓民眾即使在所得偏低的情況下，仍能過著健康而有文化的生活。舉例來說，在日本，失業勞工於求職或接受職業訓練時，可於一定期間內，依工資金額領到僱用保險 [12] 發放的失業給付，以支應生活所需。超過六十五歲的年長者，只要符合一定的請領資格，每月就能根據年金制度固定領取一筆年金。因此，

第**12**章

---

12 日本的失業保險制度。

專欄 12-1

各種課稅方式

課稅的方式可分為定額稅（lump-sum tax）、比例稅（proportional tax）和累進稅（progressive tax）。

所謂的定額稅（又稱為人頭稅），就是不論所得多寡，一律課徵固定金額的稅制。例如日本的國民年金（151,000 日圓定額（二○一○年度））和長照保險費等，都是類似的概念（所得在一定水準以下者，適用免繳規定，所以嚴格説來它們其實都不是定額稅）。從「人人都付同額稅金」的角度而言，定額稅是一種很單純的稅制，但高所得者的負擔率較低，低所得者的負擔率反而較高，因此説它是一種不公平的稅制，也不為過。

以課稅對象的金額為基礎，按比例計算稅額的課稅方式，就是所謂的比例稅。而其中最具代表性的，就是消費稅。日本的消費稅是針對課稅對象的消費金額，課徵 5% 這個固定比例的稅金，所以買 1 萬日圓的東西，就會被課徵 500 日圓的消費稅；當購物金額放大 1000 倍，達到 1000 萬日圓時，課徵的消費稅也會放大 1000 倍，也就是 50 萬日圓。有些人認為，比例稅會因為所得的多寡，而形成不同程度的負擔。舉例來説，低所得者會為了維持生活所需，而花掉絕大部分的收入，因此消費稅額在所得當中的占比就會偏高；高所得者則可將高額存款轉為儲蓄，所以消費稅額在所得當中的占比就會變低。有些人説消費稅不公平，指的就是這個意思。

相對的，所謂的累進稅，就是聚焦在課稅所得的稅制——所得越多，稅率就會分階段上升。而最具代表性的累進稅，就是所得稅。如表 12 - 1 所示，所得稅稅率會依課稅所得的多寡，而從 5% 上升到 40%。如以課稅所得（用實際所得扣掉社會保險及扶養等扣除額之後的金額，即為課稅所得）180 萬日圓為例，適用稅率為 5%；若課稅所得為 200 萬日圓，則有 195 萬適用 5%，超過的部分則適用 10%

的稅率，因此合計應繳稅額為 102,500 日圓（97,500（195 萬日圓以下）+5000（超出 195 萬的部分 ））。此時對整體所得課徵的平均稅率為 5.125%，比所得為 180 萬日圓時的平均稅率 5%高出一點。這是因為課稅所得越高，適用稅率越高的緣故。所以對低所得者而言，適用稅率相對較低；對高所得者而言，適用稅率相對偏高。

【表 12-1　課稅所得與稅率】

課稅所得	稅率
195 萬日圓以下	5%
超過 195 萬日圓～ 330 萬日圓以下	10%
超過 330 萬日圓～ 695 萬日圓以下	20%
超過 695 萬日圓～ 900 萬日圓以下	23%
超過 900 萬日圓～ 1,800 萬日圓以下	33%
1,800 萬日圓以下	40%

勞工即使存款有限，仍能營生。還有，若民眾有投保政府的醫療保險，每月按時繳納保費，萬一生病時，只要負擔醫藥費的三成，就能接受診治。實際花費和民眾負擔的差額，就由社會保險費來支應。有了這項制度，民眾就可以享受到必要的醫療服務，不必擔心突如其來的鉅額負擔。要是民眾既沒有失業保險給付，存款也已見底，生活陷於困頓時，還可以向政府申請公共救助，領取生活補助。

第12章

綜上所述，政府為了讓全體國民不論所得多寡，都能維持最低限度的生活，享受必要的醫療、社會福利等服務，推動了各項制度。而這些制度的花費，則是透過租稅、保險費等形式，向家計單位或廠商徵收——這套制度的功能之一，就是將高所得者的所得轉移到低所得者身上，並藉此提供公共服務給全體國民，故被稱為「所得重分配」政策。幾乎所有國家都採用了這樣的政策，但重分配的程度高低與負擔方式，則是因國而異。

◇景氣穩定

我們在第九章「決定 GDP 的因素為何？」當中學過，經濟活動其實是不斷反覆起落變動的。盡可能減緩經濟活動的急劇變化，追求穩健的 GDP 和就業，是政府很重要的功能。其實營利事業所得稅、累進稅率和社會保障制度，也都有穩定經濟的功能。

首先，讓我們來想想景氣衰退時的情況。當景氣惡化時，買方就會減少，導致商品滯銷。廠商會因此而倒閉，連帶使得勞工失業。即使挺過倒閉難關，廠商也可能會因為減產而解雇勞工，或調降工資。

此時，由於廠商獲利衰退，政府向廠商獲利課徵的營利事業所得稅就會大幅減少。而勞工的工資和獎金雖然也會縮水，但因為個人綜合所得稅採取的是累進稅率，所以所得稅的負擔金額（率）也會大幅下降。由此可知，當景氣惡化時，營利事業所得稅和個人綜合所得稅會大幅降低，以緩和廠商或勞工家計單位因可支配所得減少，所造成的壓力。另外，這時由於失業人數上升，因此失業保險

專欄 12-2

大政府與小政府

中央與地方政府的租稅,與各項社會保障負擔金額的總和,在國民所得當中所占的比率,我們稱之為國民負擔率(national burden ratio)。

$$\frac{國稅+地方稅+社會保障負擔金額(政府醫療保險與年金保險費)}{國民所得金額}$$

這裡的租稅和社會保障負擔金額,也包括了廠商負擔的部分。因此,國民負擔率代表家計單位和廠商為政府活動所付出的負擔多寡。圖 12-1 呈現的是二〇〇七年主要各國的國民負擔率比較狀況。從這張圖中,我們可以很明顯地看出:歐洲各國政府的經濟活動,是以

【圖 12-1　國民負擔率】

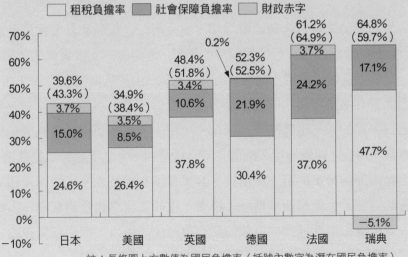

註:長條圖上方數值為國民負擔率(括號內數字為潛在國民負擔率)
資料來源:作者依日本財務省官方網站資料製表

「高福利、高課稅」為典型，瑞典就是最具代表性的例子，而英、法、德國政府在經濟活動當中的角色也很吃重；反觀美國所代表的「低福利、低課稅」型，國民負擔率則偏低。日本的國民負擔率僅比美國略高，在各國當中屬於「小政府」。若將政府財政赤字列為「國民潛在負擔」，一併考量，就可算出「潛在國民負擔率」——從這個數字看來，日本仍舊是屬於「小政府」。

大政府和小政府，究竟何者較為理想？小政府看似負擔較輕，似乎比較理想，但其實並不盡然。舉例來說，每個國家都需要醫療和照護等社會保障，還有育兒、教育等方面的服務，在小政府之下，它們都會被視為家庭裡的私人活動。大、小政府的差別，就在於這些幼保和教育是在家庭內進行，或設置完善的公立學校及公共托育機構，還是由民間廠商來興辦私立學校和私立幼兒園，來擔負起幼保與教育的重任。至於何者最理想，端看各個國家如何取捨。

與生活補助的給付人數也會增加。由此可知，稅制和社會保障的設計，有助於緩和可支配所得減少的衝擊，進而發揮支撐景氣的效果。

景氣復甦或經濟大好時，則剛好相反。由於廠商獲利大幅增加，因此營利事業所得稅的負擔也變重。此外，勞工不僅工資增加，連過去失業的人，也都能找到工作。可是，不只廠商獲利要課徵營利事業所得稅，採累進稅率的個人綜合所得稅，也會增加勞工的負擔，因此廠商與勞工的可支配所得，其實並沒有成長太多，對投資和消費的力道，也僅是緩步增強。再者，由於失業者也重回職場，因此失業保險和生活補助的發放總額也會減少。所以，即使景氣復甦，買方也不至於出手太闊綽，有助於為過熱的景氣降溫。

　　由此可知，政府的財政功能當中，有一套能緩和需求變動，平抑景氣波動的「自動穩定裝置」，財政上的這項功能，就是英文中所謂的「built-in stabilization」。在它的運作之下，經濟變動得以緩解，有助於維持經濟的穩定成長。

　　除了上述這些之外，政府也會推動更積極的刺激景氣方案。例如在日本景氣蕭條期間，政府為了讓民間經濟能買得起財貨、勞務，曾多次實施大規模的減稅方案。此舉有助於拉抬家計單位的所得，刺激消費需求。還有，我們在前一章也學過，透過增加貨幣供給，方便廠商籌措設備投資資金的政策，也是央行一貫採取的重要景氣刺激方案。

　　前述這些是用來活絡民間經濟的手段，政府還會推動一些更直接的景氣刺激方案。例如開闢機場、道路、公園、上下水道和水庫等，擴大公共建設，為社會注入需求，也是一種方法。（甚至還有經濟學者主張：既然只要創造工作機會就好，那就「僱人來挖個洞，再請人來把洞補起來吧！」）這種刺激景氣方案不只有直接效果，還會有外溢效果——因為景氣刺激方案創造的新所得，能帶來更多的消費需求。於是政府推動公共建設的經濟效果，等於是政府需求增加的「直接效果」與其外溢效果——也就是與消費需求成長的「間接效果」相加後，所得到的總和。正因為政府期待這樣的外溢效果，所以在經濟不景氣時，向來都很積極地推動公共建設。

　　不過也有些人表示，近年來公共建設的外溢效果已逐漸縮小。例如透過政府支出來擴大就業或所得後，若家計單位把這些所得用來儲蓄，不在消費上多支出的話，外溢效果就會減弱。再者，倘若公共建設成為相關業者遂行個人目的的既得利益，那麼公共建設是

第 12 章

否真為民眾所需，就不會是決策時的重點。所以，常有人指出政府因為在不必要的公共建設上投入龐大預算，才導致財政惡化，就是這個緣故。另外，如果政府支出促進的是對國外財貨或勞務的需求（進口），那麼對國內經濟就不會再產生外溢效果。此時公共建設就成了國外的促進就業方案，無助於改善本國就業。如此一來，政府支出就無法達到原本預期的目的了。諸如此類的論述，使得公共建設常被認為有其極限。

綜上所述，政府會課稅並運用稅收，以發揮「調整資源配置」、「所得重分配」和「穩定景氣」的功能。這些相關政策導正了市場經濟所帶來的分配不均與貧富差距，彌補了民間經濟活動不盡周全的部分，但不見得每項政策都能順利運作，甚至政府的公共建設、事業，還可能擠壓民間的經濟活動。此外，我們在談公共建設時也提過，政府也可能受制於特定團體的壓力，永無止盡地推動無謂的公共建設；或缺乏成本概念，營運效益不彰。這些例子，都說明了政府這張牌也可能「失靈」，而非萬能。這樣的現象，就是所謂的「政府失靈」（government failure）。

3. 政府預算

　　每逢年底，電視或報紙上總會報導中央政府下個年度總預算的相關訊息。預算是揭示政府施政方向的重要工具，這裡我們就以日本二○○九年度的總預算為例，一起來看看它的詳細內容。

◇預算編列

　　日本政府總預算的籌編，是在決定每年四月一日到隔年三月三十一日這一整年的稅金用途。日本的中央政府預算，會依以下程序編列：首先從六月到十二月，要先決定預算的用途，十二月底時確定中央版的總預算方案。之後各省廳[13]再與財務省談判（復活協商），最後訂出中央政府的總預算案。這部預算案還要送到國會的眾議院，經審議、通過後，再送到參議院，經參議院通過後，預算便正式拍板定案。若經眾議院通過，但參議院否決，或未於三十日內表決時，就必須依眾議院審議結果辦理。若中央政府總預算未能於三月三十一日前定案，拖延到四月時，即使編列了暫行預算，還是會影響政府的運作。因此，在年度結束前讓中央政府總預算定案，是內閣最優先的課題之一。

　　此外，雖然中央政府總預算是年度預算，但若遇有突發性的天災或景氣變動，就會需要追加或變更預算，例如追加公共工程或減稅等。此時多半會在年度中編列追加預算，以推動必要的振興經濟方案。當景氣突逢寒冬時，有時政府也會編列追加預算，以推動刺激景氣方案，追加辦理公共建設。

第 **12** 章

---

13 譯註：相當於台灣的內閣部會。

◇歲入與明細

　　日本政府二〇〇九年的歲入包括：「租稅及印花收入」46兆日圓，「其他收入」12兆日圓，「國債收入」等借貸而來的收入則為44兆日圓（二〇〇九年度的公債依存度為43％）。再更細看下去，就會發現「租稅及印花收入」當中，所得稅占了12兆日圓，營利事業所得稅是10兆日圓，消費稅則有10兆日圓，其他還有揮發油稅（Gasoline Tax）、遺產稅、酒稅、關稅和菸稅等，林林總總

【圖12-2　歲入】

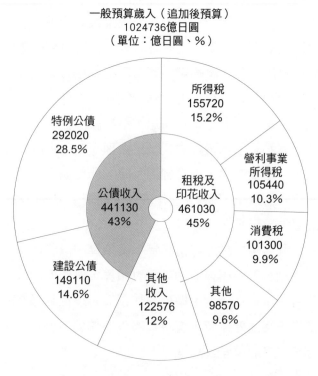

一般預算歲入（追加後預算）
1024736億日圓
（單位：億日圓、％）

所得稅
155720
15.2%

特例公債
292020
28.5%

營利事業
所得稅
105440
10.3%

公債收入
441130
43%

租稅及
印花收入
461030
45%

消費稅
101300
9.9%

建設公債
149110
14.6%

其他
收入
122576
12%

其他
98570
9.6%

資料來源：2009年度中央政府總預算 作者依日本財務省官方網站資料製表

加起來約 10 兆日圓。所得稅是指政府針對家計單位所得課徵的稅賦；營利事業所得稅則是對廠商獲利所課徵的稅賦。萬一廠商業績不振，全年結算後有虧損時，就不必繳納營所稅。因此，營所稅的特色之一，就是稅收多寡很容易受景氣波動影響──景氣大好時，營所稅會大幅成長；景氣低迷時，營所稅會大幅縮水。消費稅則是在購物時才會發生的稅賦，用來作為社會保障的財源。它在日本是5％，在歐洲各國則是課徵近 20％。考量到未來政府在社會保障方面的負擔會日益加重，日本各界已在討論是否調漲消費稅率。至於「其他收入」則是認列來自印花稅和特別預算的金額。所謂的印花稅，就是在收據等課稅憑證必須附上的稅金。在日本，辦理各種證照的規費與國家考試（會計師考試、律師考試等）的報名費，也都屬於這個項目。以上這些「租稅及印花收入」和「其他收入」，就是日本政府的歲入。

◇歲出與明細

那麼，政府收來的這些稅金和公債，又會花到哪些地方去呢？日本二〇〇九年度的中央政府總預算，經過兩次的追加預算後，整體預算規模突破了百兆日圓大關。仔細看過歲出明細就能發現，「社會保障支出（30 兆日圓）」、「公債支出（20 兆日圓）」和「地方交付稅分配款支出（16 兆日圓）[14]」的占比尤其突出，光是這三項的歲出金額就已高達 66 兆日圓。「社會保障支出」是用在健康保險、生活補助、促進就業方案和年金等方面的開銷，在少子化、

第12章

14 由中央政府課徵後，再依各地方政府預算需求適度分配，以平衡稅收的城鄉差距。類似我國的統籌分配款。

高齡化日趨嚴重之下，未來預估這些支出還會再增加。「公債支出」是用於支付公債配息與到期公債還款的開銷（金額多寡會受以往發行的公債金額影響）。公債支出和社會保障一樣，都呈現逐年增加的趨勢，形成財政支出上的一大壓力（圖 12-1）。最後一項「地方交付稅分配款支出」，是中央政府為使各地方政府能提供相同水準的行政服務，所撥發給各地方政府的稅額。這三項支出的總計金額，就已占整體歲出的 65%。至於剩下 35% 的歲出，則用於公共建設、

【圖 12-3 歲出】

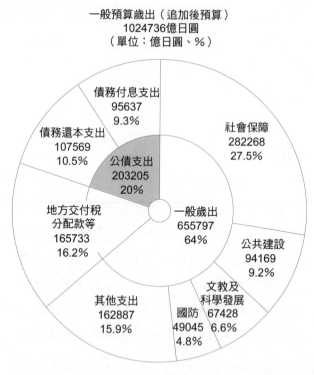

一般預算歲出（追加後預算）
1024736億日圓
（單位：億日圓、%）

債務付息支出
95637
9.3%

債務還本支出
107569
10.5%

公債支出
203205
20%

社會保障
282268
27.5%

地方交付稅
分配款等
165733
16.2%

一般歲出
655797
64%

公共建設
94169
9.2%

其他支出
162887
15.9%

國防
49045
4.8%

文教及
科學發展
67428
6.6%

資料來源：2009 年度中央政府總預算 作者依日本財務省官方網站資料製表

文教及科學發展、國防、其他能源對策、經濟協助、中小企業相關對策、糧食穩定供給等。

　　地方交付稅分配款和補助款不同,是不限特定用途的一般財源。除了地方交付稅之外,還有另一種由中央分配給地方的稅款,是由中央訂定政策,經地方政府提出申請後,中央再撥發給地方的補助款。近年來,日本政府基於「地方能辦理的業務,就交給地方辦理」的理念,推動「廢除、縮減中央發給地方的補助款」,但一方面也實施「把稅源轉移給地方政府」、「重新檢討地方交付稅」等。結果使得原本屬於國稅的個人綜合所得稅,竟有約 3 兆日圓轉成了屬於地方稅的住民稅。這也讓各地方政府更能依在地現況執行地方獨有的政策,而不是由中央統一發號施令,在各地推動相同的措施。這樣的轉變,我們稱之為「稅源轉移」。

　　各地方政府依在地現況執行地方獨有政策的做法,成效良好。我們就以全國中小學安裝冷暖氣為例,來想想這個問題。日本國土南北狹長,在北海道不怎麼需要使用冷氣,在沖繩卻反而不太需要使用暖氣。因此,與其在全國中小學統一安裝冷暖氣,不如依各地實際情況,節省不必要的開銷,把省下來的預算轉作其他用途,效率更佳。如此一來,在北海道可安裝更強效的暖氣,在沖繩則可安裝更強效的冷氣。像這種不採全國統一做法(這件事本身就很重要),而是由地方政府依在地實際情況,思考如何將納稅錢做最有效運用的思維,目前正持續在推動中。

第**12**章

◇公債

政府的歲出（支出）和歲入（收入）不見得一定相等。尤其是在不景氣時，歲入會減少，但政府為了刺激景氣，又不得不增加歲出，於是就會出現歲入不足的情況。為了讓歲出、歲入平衡，一般會考慮的解方有三種：①減少歲出、②增加稅收、③舉債。第一個方法是減少歲出，也就是政府撙節支出，但可能會導致景氣惡化加劇；第二個方法是增加稅收，但這樣做會讓家計單位和廠商的所得縮水，消費與投資降溫，同樣可能會導致景氣惡化加劇。因此，政府在景氣寒冬時，為了編列出能刺激景氣復甦的政府預算，往往會選擇發行公債，來彌補歲入不足的缺口。

戰後，日本政府為了力求歲出與歲入平衡，曾經歷過一段不發公債的時期。到了一九六五年度，才首度發行建設公債，用來作為開闢道路與整治河川等建設的財源。所謂的建設公債，就是基於「把可以一直使用到未來的建設，其建設費用不僅由當前的世代概括承擔，也讓後代負擔部分」的概念，應運而生的產物。因此，後代雖要償還公債，但同時也可享用這些舉債興建的建設。此外，日本政府為了填補財政收支的缺口，自一九七五年（第一次石油危機）起，又開始發行特例公債（又被稱為「赤字公債」）。由於特例公債是把當前的歲計短絀留給後代承擔，所以相較於建設公債，給人的不公平感更強烈。一九九〇年前後，赤字公債的發行量雖一度降低，但之後的不景氣，又讓日本政府所發行的公債不斷墊高。如今在已開發國家當中，日本的公債餘額已攀升到史無前例的水準（圖 12-4 各國比較），截至二〇〇九年底的公債餘額，已達 615.3 兆日圓（圖 12-5）。這代表即使中央政府總預算每年都有 5 兆日圓的結餘，要

【圖 12-4　各國債務總額比較】

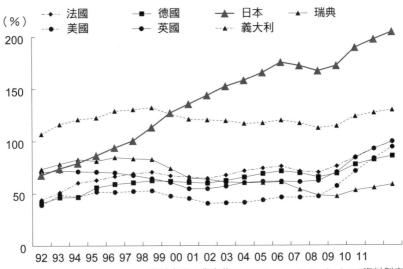

資料來源：作者依 OECD Economic Outlook 86 資料製表

【圖 12-5　國債餘額】

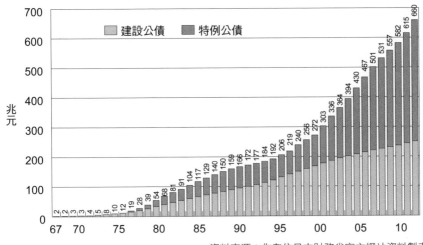

資料來源：作者依日本財務省官方網站資料製表

第12章

還清所有的公債，得花上一百二十三年。原本政府應該靠景氣復甦所帶來的歲入增加，努力償還公債才對。然而，日本景氣復甦遲緩，就算景氣稍有回溫，還是會有人基於政治考量而要求政府擴大財政支出，讓政府陷入難以償債的局面。

4. 結語

　　各位平常僅透過電視及報紙等媒體了解中央政府的動向，或許會覺得「政府」距離自己很遙遠。然而，在我們的生活周遭，其實有很多事都與政府有關（例如靠政府補助和學雜費辦學的，不只有國、公立大學，私立大學也是）。

　　在本章當中，我們學到政府的經濟功能有「調整資源配置」、「所得重分配」和「穩定景氣」，都是在彌補市場的不足。此外，我們也以二〇〇九年度日本中央政府總預算為例，看過了政府預算的歲出、歲入，以及它們的結構與特色。目前，日本政府已背負相當沉重的債務餘額，越來越難出手介入經濟活動。還有，政府不僅財政赤字快速膨脹，隨著少子、高齡化的現象日益嚴重，未來社會保險和公債支出恐怕只會有增無減。因此，今後在政府的經濟功能方面，也要面對「更有效運用」的壓力。不過，市場也不見得永遠不失靈，所以由政府負責「彌補市場不足」的這個角色功能，就永遠不會有謝幕退場的一天。

第 **12** 章

❓動動腦

1. 查出最新一期的中央政府總預算，並試著把「國家稅收」換成「年收入 500 萬日圓的家庭」來想一想。
2. 請試想你我生活周遭，有什麼樣的政府活動？
3. 若課稅所得是 2000 萬日圓，想一想個人綜合所得稅會是多少（請參照專欄 1）？

參考文獻

松原聰編著《日本的經濟機制》Natsume 社，2008 年。

進階閱讀

《總體經濟學 I（入門篇）》（第 3 版），葛雷葛利‧麥基著，足立英之、地主敏樹、中谷武、柳川隆譯，東洋經濟新報社，2011 年。

《日本的經濟機制》，松原聰編著，Natsume 社，2008 年。

《每一個決定都是經濟學：高中生也能讀懂、你能活用的經濟學原理》（繁體中文版），飯田泰之著，大是出版，2011 年。

第 13 章

國際貿易與匯率

1. 前言

　　各位是否想過，我們每天的生活，和外國經濟的關係有多深？例如午餐吃的食物當中，進口品占了幾成？從以熱量計算的糧食自給率來看，日本近年來約為 40％（日本農林水產省調查資料），可見在我們的飲食當中，有很大一部分都是進口品。各位身上穿的 T 恤、牛仔褲，寫報告用的電腦，又是在哪裡生產的呢？即使是日本廠商的產品，產地多半也都是在國外，甚至還可能橫跨好幾個國家。此外，各位應該都很清楚，日本在石油、煤炭和天然氣這幾項主要能源方面，幾乎都是仰賴進口。因此，少了貿易，現代生活根本無法成立。

　　再者，我們和外國的經濟往來，不僅止於有形的商品，也用到了外國的服務。例如各位應該都在電視上看過奧運或世界盃足球賽的轉播吧？這些轉播都付了權利金。各位或許也曾透過網路，在國外網站買過音樂或影片等內容；可能還有人搭過他國航空公司的飛機，住過國外的旅館。

　　在本章當中，首先我們要掌握目前日本的貿易狀況。接著我們要再探討貿易和總體經濟之間的關係，還要看看在國際交易當中扮演重要角色的匯率，更深入了解匯率的訂定方式，以及它對貿易的影響。

2. 日本的貿易狀況

◇商品與勞務收支餘額

　　首先我們就透過統計資料，來掌握目前日本的貿易狀況。用一定期間內的財貨出口總額減去財貨進口總額，算出來的數字，我們稱之為「商品貿易淨額」。二〇〇九年日本的財貨出口總額為 50 兆 8,572 億日圓，進口總額則為 46 兆 8,191 億日圓，商品貿易淨額為 4 兆 381 億日圓（財務省〈國際收支統計〉）。當商品貿易淨額為正值時，就稱為「出超」，負值則稱為「入超」。日本從一九六〇年代末期起，除了石油危機時期之外，貿易持續處於出超狀態。換句話說，就日本整體而言，賣到國外去的東西，一直都比從國外買來的東西還要多。

　　以主要進出口貨品項目而言，如表 13-1 所示，出口以運輸工具、電機產品、機械的占比為大宗；進口則以石油和煤炭等礦石燃料的占比較高，是日本對外貿易上的特色。

　　再者，運輸、旅行、通訊、營造、保險、金融、文化展演、其他等勞務，也都會進行國際交易。在一定期間內的勞務出口總額，和勞務進口總額之間的差數，我們稱之為「勞務收支餘額」。日本

【表 13-1　日本的進出口貨品項目分佈結構】

	食品	原料	礦石燃料	化學製品	各類原料製品	機械	電機產品	運輸工具	其他
出口	0.7%	1.5%	1.8%	10.7%	13.0%	17.8%	19.9%	21.9%	12.8%
進口	9.7%	6.6%	27.6%	8.9%	8.4%	8.2%	12.6%	2.9%	15.0%

第 **13** 章

的勞務收支餘額向來都是入超，二〇〇九年的入超金額是 1 兆 9,132
億日圓，其中旅行方面的入超就占去了大半，達 1 兆 9,132 億日圓。
旅行收支的逆差，表示日本人赴海外旅遊時的開銷，花得比外國人
造訪日本時更多。

◇對貿易依賴日深

我們不妨從財貨與勞務進出口額在 GDP 當中的占比，來看看
日本經濟對貿易的依賴程度。從圖 13-1 當中，我們可以看到：不論
是出口／ GDP 或進口／ GDP，都呈現上升的趨勢。這代表本國所
生產的財貨與勞務提供出口的占比在增加，且家計單位、廠商或政
府採購傾向選擇進口品的趨勢越來越顯著。

【圖 13-1　出口依存度、進口依存度逐年攀升（1995 ～ 2008 年）】

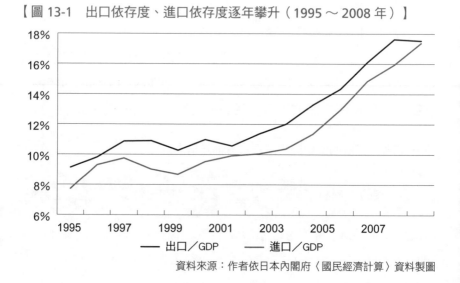

資料來源：作者依日本內閣府〈國民經濟計算〉資料製圖

　　財貨、勞務、金流、人流的跨國移動越來越頻繁，而這些市場逐漸整合為全球規模的過程，就是所謂的經濟全球化（Economic Globalization）。相較於其他國家，日本的貿易依存度雖然稱不上高，但貿易全球化的趨勢，在日本也堪稱是持續發展。

　　全球化的發展，也改變了日本貿易夥伴的結構。表 13-2 以區域別的方式，呈現出了日本在一九九〇年、二〇〇〇年和二〇〇九年的財貨出口額與進口額。從表中可以看出，各年度都呈現亞洲占比上升、北美及西歐占比下降的趨勢；再就國別來看，中國的躍進與美國的衰退更是顯著。難怪現在你我身邊這麼容易找到「made in China」的表示。

【表 13-2　日本貿易夥伴結構】

		亞洲（中國）	北美（美國）	西歐
出口	1990	31.1%（　2.1%）	33.8%（31.5%）	22.2%
	2000	41.1%（　6.3%）	31.3%（29.7%）	17.4%
	2009	54.2%（18.9%）	17.5%（16.1%）	13.1%
進口	1990	28.7%（　5.1%）	26.1%（22.4%）	18.2%
	2000	41.7%（14.5%）	21.3%（19.0%）	13.6%
	2009	44.6%（22.2%）	12.4%（10.7%）	11.9%

第 13 章

專欄 13-1

東亞地區的製程、銷售事業網絡化

日本與亞洲之間的貿易規模逐漸擴大，背景原因之一是因為在東亞地區，出現了所謂「製程、銷售事業網絡化」的現象。

以電腦為例，它的生產、銷售，牽涉到產品開發、零件生產、組裝、物流、銷售和客服等各式各樣的經濟活動。這些活動分散在好幾個國家進行，並在東亞串連成一個網絡。例如在日本進行產品的研發，硬碟方面交給馬來西亞，記憶體找韓國生產，液晶顯示器問台灣，組裝到中國——大致是這樣的分工。

這樣的網絡成型之後，就會推升零組件等中間財（intermediate goods）的貿易。自二〇〇〇年至二〇〇五年，東亞地區內的中間財貿易年成長率是 12.2%，活絡程度可見一斑。就產業別來看，則是以機電產業的中間財貿易額佔大宗，從二〇〇〇年的 1,733 億美金，到二〇〇五年已成長到 3,177 億美金（經濟產業省《通商白書 2007 年版》，P109-110）。

3. 貿易與總體經濟

在前一節當中，我們看到貿易在現今社會的重要性與日俱增。那麼，貿易與一國的經濟之間，又有什麼樣的關係呢？

◇貿易與GDP

首先讓我們來想一想貿易對 GDP 的意義是什麼。我們在第八章當中曾經談過，用出口額減進口額所算出來的「淨出口」（net export），是 GDP 的需求項目之一，並和 GDP 呈現以下這樣的關係。當淨出口因為某些因素而增加時，就能推升 GDP。

> **GDP ＝消費＋投資＋政府支出＋淨出口**

GDP 是用國內生產總值（國內在一定期間內生產的所有財貨與勞務，其產值的總和）減去所有中間財投入後的金額。因此，在上述等式左右兩側都加入中間財投入後，就會變成以下這樣的式子：

> **國內生產總值＝消費＋投資＋政府支出＋中間財投入＋淨出口**

等號右邊應該要是對國產財貨與勞務的需求總計，但在消費、投資、政府支出、中間財投入等項目當中，都含有對進口財的需求，所以要用淨出口來把所有進口的部分扣除。換句話說，進出口當中不只有最終財貨，連中間財的進口也都列入了計算，需特別留意。若改用剛才介紹過的名詞來解釋的話，那麼這裡所謂的淨出口，就

第 **13** 章

相當於是商品貿易淨額與勞務收支餘額的總和。

　　圖 13-2 呈現的是財貨與勞務的進出口與淨出口的變化趨勢。在二〇〇二年至二〇〇七年一〇月（暫定）的景氣復甦期當中，可推知淨出口對景氣應是貢獻良多。再者，在這段復甦期當中，日本出口額在 GDP 當中的占比一路攀升，可見日本經濟變得比以往更容易受到外需（國際需求）影響。因此，我們也很能想像：在二〇〇七年十一月（暫定）起的這一波景氣衰退當中，尤其是金融海嘯（二〇〇八年九月）後的外需銳減，對日本經濟的影響之深，正好反映了這個現象。

【圖 13-2　日本的出口與進口（2000 第一季～ 2009 年第一季）】

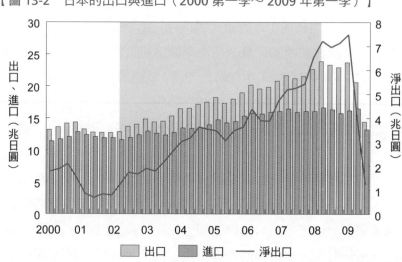

註：實質固定基期，以 2000 年為基準，每季統計資料
資料來源：作者依日本內閣府〈國民經濟計算〉資料製圖

◇貿易的主要決定因素：所得

我們現在已經了解：貿易在 GDP 當中，具有「需求項目」的功能。那麼，貿易又會受到哪些因素的影響呢？就結論來說，貿易主要是與「所得」和「價格」有關。首先就讓我們來看看所得如何影響價格。

當各位的薪水或工讀時薪調漲時，各位會怎麼做呢？想必絕大多數的人應該都會拉高支出。而這些多出來的支出，有一部分或許會拿去買國外產製的服飾或巧克力。總體經濟也是一樣，當本國所得增加時，消費就會增加，而其中一部消費會用在進口品上。還有，我們在第八章也曾探討過，「所得增加」其實就意味著「生產增加」。因此，當所得增加時，原料和零組件等中間財的進口量也會增加，以供增產所需。

本國的出口，就相當於是他國的進口。若套用上述的概念，就表示當他國所得增加時，他國的進口也會增加，帶動本國的出口增加。以往有人說「美國打噴嚏，日本就感冒」，其實就是在描述他國景氣會透過貿易，對本國景氣造成影響的概念。

◇貿易的主要決定因素：相對價格

對財貨、勞務的需求，也會受到價格的影響。舉例來說，假設有一家電器行擺出了美國製的電腦，每台賣 20 萬日圓；同等級的日本製商品，每台同樣是賣 20 萬日圓。這時，若美國製的電腦因為某些因素，而降到了 18 萬日圓，想必選購美國製產品的人，應該會比選日本製產品的人來得多。

不過，在比較本國財貨與外國財貨時，需特別留意。因為外國財貨原本是用外幣計價，不能直接拿來和本國財貨的價格相比。例如美國製的電腦一台售價是 2000 美金，和要價 20 萬日圓的日本產品相比，我們很難馬上判斷出究竟何者比較便宜，要先把兩者化為同一單位，此時，匯率便成了很重要的議題。接著，我們就要從匯率開始談起。

匯率是本國貨幣與他國貨幣之間的兌換比例。假設在午間新聞報導當中，說現在的匯率是 1 美金兌換 90 日圓。這代表要買「美金」這種外國貨幣 1 單位（1 美金），要付出「日圓」這種本國貨幣 90

【圖 13-3　匯率與蘋果的價格】

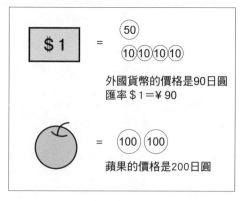

單位（90 日圓）。換言之，所謂的匯率，其實就是 1 單位外國貨幣的價錢。就和一顆蘋果要價 200 日圓時，我們會說「這顆蘋果的價格是 200 日圓」，概念是一樣的。

從這個角度來思考，不難發現：匯率的數值越大，就表示外國貨幣越貴；再者，從本國貨幣的角度來看，它也意味著本國貨幣貶值——因為匯率的倒數，就代表本國貨幣 1 單位的價格。所以，假如匯率從 1 美金兌 90 日圓，變成 1 美金兌 91 日圓，就代表美金升值、日圓貶值；若從 1 美金兌 90 日圓，變成 1 美金兌 89 日圓，就代表美金貶值、日圓升值。

若考量匯率因素，那麼本國財貨與他國財貨的相對價格，就可以寫成以下這樣：

$$\frac{\text{本國財貨的價格（日圓）}}{\text{外國財貨的價格（美金）} \times \text{匯率（日圓／美金）}}$$

這個數值，呈現出本國財貨是他國財貨價格的幾倍。數值越小，代表不論是對本國買方，或是對外國買方而言，本國財貨都顯得相對便宜。因此，即使財貨價格不變，當外國貨幣的價格變貴（匯率升值），本國財貨與外國財貨相比的相對價格就會降低，於是買方就會選擇捨棄外國財貨，轉而購買本國財貨，使得本國降低進口，增加出口。

讓我們再回到剛才那個電腦的例子。假設美國製的電腦每台售價 2,000 美金，而同等級的日本製電腦每台售價 20 萬日圓。若原本的匯率是 1 美金兌 100 日圓，那麼將美國製電腦的價格以日圓換算

第13章

之後，就會是 20 萬日圓，也就是和日本製價格相同，相對價格為 1。如果現在日圓升值，來到 1 美金兌 90 日圓時，美國製電腦就會是 18 萬日圓，相對價格為 1.11，也就是相對於美國製，日本製會顯得相對較貴，結果將導致買方選擇美國製電腦，日本國內的電腦進口量便因而上升，出口量則減少；再者，如果日圓貶值，來到 1 美金兌 110 日圓時，美國製的電腦就會變成 22 萬日圓，相對價格為 0.91，日本製會相對比美國製便宜，結果將導致買方選擇日本製電腦，日本國內的電腦進口量便因而減少，出口量則上升。

綜合以上說明，當本國貨幣價格上升時，會造成本國財貨相較於外國財貨的相對價格上升，導致出口減少和入口增加。新聞報導每天都會報導匯率消息，就是因為它的變化會影響貿易狀況等，對經濟發展至關重要。

【表 13-3　匯率變化的影響】

匯率	日本製電腦 20 萬日圓		美國製電腦 2000 美金		相對價格
	日本售價	美國售價	日本售價	美國售價	
1 美金兌 90 日圓	20 萬日圓	2,222 美金	18 萬日圓	2,000 美金	1.11
1 美金兌 100 日圓	20 萬日圓	2,000 美金	20 萬日圓	2,000 美金	1.00
1 美金兌 110 日圓	20 萬日圓	1,818 美金	22 萬日圓	2,000 美金	0.91

◇貿易條件

前面我們定義過的相對價格，其實又叫做貿易條件（Terms of Trade），也就是出口 1 單位的本國財貨（出口財），能換得幾單位外國財貨（進口財）的意思。我們把剛才出現過的等式，再改寫成以下這樣，各位應該就會比較容易理解。

$$\frac{\text{本國財貨的價格（日圓）} \times \dfrac{1}{\text{匯率（日圓／美金）}}}{\text{外國財貨的價格（美金）}}$$

算式的分子是出口本國財貨 1 單位所能得到的美金數量，接著再用外國財貨的價格來除，算出來的數字，就是代表「能購得多少外國財貨量」的意思。

當貿易條件的值上升時，出口本國財貨 1 單位所能買到的外國財貨就變多，也就是所謂的「本國貿易條件好轉」；反之，當貿易條件的數值下降時，就是所謂的「本國的貿易條件惡化」。不過，在計算實際貿易條件時，會使用「出口物價指數」和「進口物價指數」這兩個涵蓋各種財貨價格平均數值的指數。匯率走貶、外國財貨價格走跌，以及本國財貨價格走升，都會帶來貿易條件的改善。

日圓升值的確對日本的出口不利，但民眾可以較便宜的價格買到進口品，出國旅遊的花費也變得更便宜。這些好處，都可視為貿易條件好轉。

第13章

4. 匯率訂定

現在我們已經知道匯率會對進出口造成影響，但為什麼匯率會出現波動？既然匯率是外國貨幣的價格，自然就會受到外國貨幣的需求和供給影響，就像蘋果價格會受到蘋果的需求和供給影響一樣。可想而知，當外國貨幣的需求大於供給時，價格就會上揚，反之則會下跌。

外國貨幣和本國貨幣的兌換，都在一個叫做「外匯市場」的市場上進行。在外匯市場當中，會有外國貨幣的賣方（賣出外國貨幣，買進本國貨幣者），和外國貨幣的賣方（賣出本國貨幣，買進外國貨幣者）。究竟在什麼樣的時機下，才會需要兌換貨幣呢？

◇貿易與外國貨幣供需

首先會需要購買外國貨幣的，是從國外採購原料或製成品的進口廠商。本國與外國所使用的貨幣不同，本國進口廠商需要使用外國貨幣來支付進口貨款，或是本國進口廠商用本國貨幣付款，而收款的外國出口廠商則需要把這筆錢換成外國貨幣。不論如何，從外國辦理進口時，一定會產生對外國貨幣的需求。

反之，本國出口廠商將原料或製成品出口到國外時，外國的進口廠商為了付款，想必會需要將外國貨幣兌換成本國貨幣，或是外國進口廠商用外國貨幣付款，而收款的本國出口廠商，應該會設法把它兌換成本國貨幣。不論如何，從本國出口到外國時，一定會產生對外國貨幣的供給。

　　綜上所述，本國辦理進口，會增加對外國貨幣的需求，使得外國貨幣的價格走升；而本國辦理出口，會增加對外國貨幣的供給，使得外國貨幣的價格走貶。以日本而言，日本的出超，想必也對日圓升值起了推波助瀾的效果。

◇國際金融交易與外國貨幣供需

　　不過，外國貨幣的供需，不只是為了貿易上的付款而存在。本國與外國之間的經濟交易，除了財貨與勞務的貿易之外，還有外國債券與股票買賣、外國帳戶存款或放貸，甚至是買賣外國不動產等國際金融交易。這些交易往來，會衍生出對外國貨幣的供給和需求。例如當本國民眾或廠商在購買外國政府或廠商所發行的債券、股票時，就會需要將本國貨幣兌換成外國貨幣；反之，當外國民眾或廠商購買本國政府或廠商所發行的債券、股票時，就會需要將外國貨幣兌換成本國貨幣。

　　根據國際清算銀行（Bank of International Settlements，簡稱BIS）的報告指出，二〇〇七年四月時，全球外匯市場的平均單日交易金額為 3 兆 9,880 億美金。另外，根據世界貿易組織（WTO）的報告指出，二〇〇七年全球的財貨與勞務出口總額為 17 兆 3,742 億美金，平均每日約 476 億美金。因此，我們可以合理推測：外匯市場上的交易金額，幾乎都與國際金融交易有關。

第 13 章

◇匯率制度

匯率依市場對外國貨幣的供需狀況而自由變動的制度，我們稱之為「浮動匯率制」（floating exchange rate system）；而為了讓匯率維持在固定水準（這個水準稱為「平價」，英文是 parity），由中央銀行積極買賣外國貨幣的制度，就稱為「固定匯率制」（fixed exchange rates）。在二戰後的布列敦森林體系（Bretton Woods System）下，各國都對美金定出了平價，匯率就釘在平價上下的一定範圍之內，就是一種固定匯率制。以日本為例，當時是 1 美金兌 360 日圓。不過，後來布列敦森林體系瓦解，一九七三年起，各主要先進國家都已採浮動匯率制。在專欄 13-2 當中，為各位呈現了在浮動匯率制之下，日圓兌美金的變化趨勢。

5. 結語

　　最後讓我們再整理一下本章的內容：首先，我們綜觀日本貿易的現況，發現在全球化的發展下，日本的貿易依存度與日俱增，和亞洲之間的連結也逐漸加深。接著，我們說明了貿易與總體經濟之間的關係，學到淨出口屬於需求項目之一，對 GDP 多所貢獻；還學到他國景氣會透過貿易，對本國經濟會造成影響；也看到本國貨幣價格走升，會導致本國財貨價格相對上揚，衝擊本國的淨出口。我們也談到匯率其實就是外國貨幣的價格，並簡單說明了匯率是如何訂定的。

　　這裡我們圍繞著「貿易」這個主軸，做了一番說明，但並沒有處理「為什麼要貿易」或「決定貿易模式（出口或進口哪些品項）的主要因素」。這些議題和第一章談過的「比較優勢」的討論有關，但要深入探討，則需要學習國際貿易論。此外，這裡我們幾乎沒有談到國際金融交易，但其實它再真實的國際經濟上，扮演著很重要的角色。國際總體經濟學或國際金融論等領域的知識，應該有助於各位更深入了解它的功能。建議各位不妨參考本章最後所列的文獻，再進一步學習。

專欄 13-2

匯率的變動

　　圖 13-4 是一九七三年二月至二○一○年四月間，日圓兌美金的匯率變動。雖有上下波動，但整體看來仍長期處於日圓升值的局面。除了石油危機那段時期之外，這段期間日本的商品貿易淨額大致呈現出超，這也促使日圓持續升值。相較於布列敦森林體系下 1 美金兌 360 日圓的匯率，日圓勁揚了將近 4 倍。

　　日圓一旦升值，日本產品就變得相對高價，使得出口減少、進口增加，商品貿易淨額理應減少。然而，儘管日圓勁揚 4 倍，日本貿易仍呈現出超。這當中有很多原因，除了廠商的生產力提升，法規鬆綁使生產成本降低，開發高附加價值的新產品，以及產品差異化等供給端的因素之外，貿易和對海外投資的自由化，以及開發中國家的經濟成長帶動需求擴大等需求端的因素，也是值得考慮的重點。

【圖 13-4　日圓兌美金匯率的變化趨勢】

（註）東京外匯市場，美金對日圓即期外匯交易，17 時報價／每月平均
資料來源：作者依日本銀行〈外匯行情〉資料製表

❓動動腦

1. 在你的生活周遭，有哪些現象是經濟全球化發展下的結果？
2. 外國景氣衰退會對日本經濟造成什麼樣的影響？
3. 為什麼日圓升值，就會提高日本商品和勞務出口到國外的難度？

參考文獻

《國際收支入門》，日本銀行國際收支統計研究會著，東洋經濟新
　　報社，2000 年。
《國際經濟學：國際貿易理論與政策（第 3 版）》，保羅・克魯
　　曼（Paul Robin Krugman）、莫里斯・歐伯斯弗爾（Maurice
　　Obstfeld）著，石井菜穗子、浦田秀次郎、竹中平藏、千田亮吉、
　　松井均合譯，新世社，1996 年。

進階閱讀

《國際經濟學入門講座》（修訂 3 版），伊藤元重著，日本經濟新
　　聞社，2005 年。
《國濟金融入門（第 4 版）》，高木信二著，日本評論社，2011 年。

第 14 章

經濟成長與國民生活

序章
第1章
第2章
第3章
第4章
第5章
第6章
第7章
第8章
第9章
第10章
第11章
第12章
第13章
第14章

1. 前言

　　日本經濟在第二次世界大戰期間受到毀滅性的重創，到了一九四五年大戰結束時，民眾已連每天要吃的食物都很難取得。在這樣的情勢之下，日本竟創造了舉世驚奇的重建奇蹟，到了一九六八年時，日本的 GDP 已高居全球第二（人均 GDP 則是在一九九三年達到全球第二），讓日本人能過著今日這樣安居樂業的生活。之後又歷經了泡沫經濟時期、泡沫經濟破滅、平成大蕭條等時期，日本的人均 GDP 又回跌到全球第十八名。這樣一路看下來，讓人不禁萌生「為什麼日本的 GDP 能成長得如此快速？」「為什麼日本 GDP 的全球排名下降了？」等疑問。

　　不過，縱使日本的 GDP 全球排名下跌，日本人仍然過著「按下開關燈就會亮」、「水龍頭的水可以放心喝」的生活。此外，據說日本每年有 2,000 萬噸以上的食物被丟棄，就學率幾乎達到 100％。然而，當我們把這樣的生活視為理所當然之際，在全球約 68 億人口當中，有進 8 億 6,600 萬人因為無法取得充足的糧食而營養不足，約 10 億人因為輸水管線尚未整建，而無法喝到乾淨安全的飲水。每天約有 1 萬個孩童，因為飲用不乾淨的水而生病致死。無法接受學校教育的孩童，據說更多達 1 億 4,000 萬人。全球約有 13 億人口住在已開發國家，平均壽命約為 80 歲；住在開發中國家的約有 5 億 7,200 萬人，平均壽命約為 50 歲──為什麼會出現這樣的落差呢？難道我們無法彌補這些差距嗎？在本章當中，我們要從經濟成長的觀點，來思考這些問題。

　　在第八章當中，我們學過用 GDP 這個量尺，來量測經濟活動的規模。而在本章當中，我們要聚焦在 GDP 的變化上，想一想影響 GDP 變動的主要原因為何，或該如何提高 GDP。

第**14**章

2. 經濟成長率的呈現方式

在前一節當中，我們舉了幾個例子，說明全球民眾的生活其實大不相同。這些生活水準的差異究竟是從何而來？我們可以用 GDP 的高低來解釋這樣的現象。因為 GDP 也是所得，所以當 GDP 越高，從水和糧食等生活必需品，到學校教育等，各種財貨與勞務都會比較容易取得。那麼，為什麼各國 GDP 的高低會有所不同呢？這是因為每個國家「GDP 成長速度不同」的緣故。例如和各位同一天出生的人，也不見得每個人身高都一樣吧？就像這樣，各國的經濟成長速度（＝經濟成長率）也不盡相同。我們可以用以下這個公式來計算：

$$經濟成長率（\%）= \frac{當期\,GDP - 前期\,GDP}{前期\,GDP} \times 100$$

我們可以用昨天比今天的 GDP 成長，來計算經濟成長率，也可以用前月比本月的 GDP，還可以用去年比今年的 GDP。因此，在公式當中，我們取「之前比現在」的這個涵義，用了「前期」和「當期」這樣的詞彙。若以身高為例，只要算出相較於去年的身高，從去年到今年這一整年長高多少即可。

我們把日本、美國、德國、中國、印度、巴西的經濟成長率，用這個算式計算之後，就可畫出圖 14-1。從圖中可以看出，即使是同一個國家，經濟成長率也可能有時高、有時低，呈現各種不同的樣態。

【圖 14-1　各國經濟成長率】

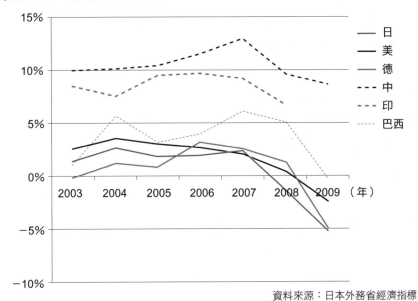

資料來源：日本外務省經濟指標

◇經濟成長率的主要決定因素

　　那麼，經濟成長率的高低，又是如何訂定出來的呢？所謂的經濟成長率，就是 GDP 的成長率，因此只要當期（例：當年度）的 GDP 比前期（例：去年）高出越多，經濟成長率就會越高。我們在第九章學過，GDP 是一國的生產水準，取決於資本、勞動和技術進步。換言之，只要工廠越多，生產就會增加；越多人勞動，就能生產出更多產量；而開發出更精良的技術，也能提高生產——這就代表了 GDP 會成長。想想日本的高度成長期或中國的現況，不難想像那是什麼樣的榮景：新工廠一間又一間地蓋，來自四面八方的勞工湧進工廠工作，還從國外引進最新的技術。如此一來，產量就能比去年多出許多。換言之，就是會創造出「高經濟成長率」的狀態。

　　讓我們再更進一步地來看看資本、勞動和技術進步的增加，究竟是怎麼回事。該如何提高資本？我們就以各位要興建工廠為例，一起來想一想。興建工廠需要龐大的資金，想必各位應該會向銀行借款。可是銀行為什麼會有那麼多錢？那是因為很多人都把錢放在銀行，也就是把錢當作儲蓄的緣故。銀行把大家暫存的這些錢，出借給想興建工廠的人。如果存在銀行的錢太少，我們就無法向銀行借到足夠的資金，甚至可能無法建廠；反之，如果銀行裡的資金充裕，我們就能借到必要的資金，甚至還可以興建好幾座工廠。這樣看來，若要讓更多人興建工廠——也就是要刺激投資的話，銀行裡就要有更多資金。由此可知，投資是為了讓資本增加，而這些投資背後的源流，來自於民眾的儲蓄。

　　接著，我們再來談談勞動。所謂的勞動，其實並不只是在呈現「勞工人數」。假設一郎和二郎這兩個人在包水餃，一郎每分鐘可

以包 10 個水餃，二郎 1 分鐘可以包 20 個水餃。若以一郎為標準，那麼二郎就等於是一人可以當兩人用。像這種一人可以包辦兩人份工作的情況，即使實際工作的只有一個人，但以對生產（包水餃）有貢獻的人數而言，亦可當作兩人來計算。如此一來，所謂的勞動，就可把勞工素質也納入考量。而這裡所謂的「勞工素質」，我們可以用「勞動生產力」（Labor productivity）這個指標來衡量。勞動生產力是指每人平均每小時可產出的數量。從這個定義看來，只要能提高勞動生產力，即使實際動用的人數不多，仍能創造出可觀的產量，進而提高經濟成長率。那麼，究竟該如何提高勞動生產力呢？我們以籃球的射籃為例，來想一想這個問題。起初不容易進球，但只要多練習，命中率就會提升，進球的機率也會變高。若把這個概念套用在勞動上，我們可以這樣說：經過訓練和經驗的累積之後，勞工在職場上就能更迅速地完成工作。所以剛才的那位一郎，將來應該也會像二郎一樣得心應手。不過，工作效率要像二郎那麼好，一郎必須設法多用心。而要「多用心」，就需要一郎動用他的知識與經驗。想從書中學習，首先必須要識字；想從其他工作中找尋靈感，就必須知道世界上發生了什麼事。如果已經具備這些能力，一郎的勞動生產力，將來必定能與二郎並駕齊驅，甚至更勝一籌。這種運用個人的知識、經驗，來發揮用心巧思的過程，就是所謂的人力資本（Human capital）。由此可知，要提高勞動生產力，就必需厚植人力資本。

　　最後，讓我們再來探討一下「技術進步」這個因素。所謂的技術，就是生產產品的方法、知識。只要不斷改善精進，設法用更短的時間，生產出更好的產品，即使用的是傳統生產方法，技術同樣

第**14**章

是在進步。除了日積月累的改善之外，工業革命之後的經濟發展，有很大一部分是來自科學、科技貢獻的成果。例如蒸汽機的發明，讓人類可以用更短的時間，運輸更多的貨物；到了現代，電腦和網際網路的問世，讓你我可以瞬間傳播、接收更多資訊。這些科技，在當代多半都是由已開發國家的大型廠商研發，再擴展到全世界。有能力開發出最先進科技的國家，和懂得妥善運用這些技術的國家，就能進行更有效率的生產，等於就是勞動生產力獲得提升。然而，無法妥善運用這些先進科技的國家，只好繼續使用那些效率不彰的技術，恐怕很難快速推升 GDP。

◇經濟成長的重要性

　　本節最後，我們要來想一想：為什麼經濟成長率會這麼重要？換句話說，我們想探討為什麼要用「經濟成長率」這個量尺來分析經濟。假設現在有 A、B 兩國，A 國經濟成長率為 1％，B 國則為 10％。若今年的 GDP 是 1000 萬日圓，那麼五年後，A、B 兩國的 GDP 各會是多少？

【表 14-1】

	A 國	B 國
1 年後	1,000×（1+0.01）= 1,010	1,000×（1+0.1）= 1,100
2 年後	1,000×（1+0.01）= 1,020.1	1,000×（1+0.1）= 1,210
3 年後	……	……
4 年後	……	……
5 年後	1,040.604×（1+0.01）= 1,051.01	1,464.1×（1+0.1）= 1,610.51

　　從表中可以看出，五年後兩國 GDP 將出現約 1.5 倍的落差。我們再舉一個更切身的例子——用工資的差距來想一想。假設太郎和次郎都是今年大學剛畢業的新鮮人，太郎進了 C 公司（營收年增 1％的企業），次郎進了 D 公司（營收年增 10％的企業），兩人的起薪都相同，到了 42 歲時，兩人薪水的差距是多少？（註：這裡假設薪資會隨營收調漲）想必會和前面那個例子一樣，出現很大的落差；而這兩個人的生活水準，在 20 年後也會截然不同。

　　一般而言，我們可以用「72÷ 成長率」，來計算所得翻倍成長所需要花的時間。以上述 A、B 兩國為例，所得要多久才能翻倍成長呢？A 國需要花的時間是 72 ÷ 1 = 72，B 國則是 72 ÷ 10 = 7.2。同樣的，在 C 公司上班的太郎，若想追上在 D 公司任職的次郎 29

第**14**章

專欄 14-1

成長會持續多久？

　　前面我們學過，所謂的經濟成長，就是 GDP 的增加，也就是資本、勞動增加和技術進步所帶來的成果。那麼，為什麼日本的經濟成長率會偏低，中國和印度的經濟成長率會扶搖直上呢？我們從資本增加帶動經濟成長的角度來想一想。假設各位為了寫功課（生產），而買了一台電腦（資本）。買了電腦之後，查詢資料、製作文件都更方便簡單，寫功課的速度想必會變得更快，也就是產量會大幅提升。如果再買第二台（增加資本），產量必定會更多。要是再買第三台呢？再擴充到第四、第五台呢？產量固然會增加，但和買第一台電腦時相比，產量的成長幅度一定會縮小，這就叫做「報酬遞減」（diminishing returns）。若把這樣的關係畫成圖表，就會如圖 14-2 所示。

【圖 14-2】

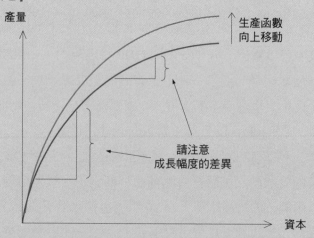

　　當我們增加少許資本時，產量的成長幅度，會因原本的資本多寡而有所不同，請各位特別留意。當我們在一個資本較少的國家，和在一個資本較多的國家，增加相同的資本時，低資本國家的產量成長幅

度會比較高。這代表開發中國家的經濟成長率，會比已開發國家來得高，且 GDP 終有一天能追上已開發國家的水準，我們稱之為「追趕效應」（catch up effect）。有人說近來日本投入公共建設（造橋、鋪路），以刺激景氣復甦的效果越來越有限，也是同樣的概念。不過，以買電腦的例子而言，如果各位用功讀書、增加知識，或學會盲打，結果會怎麼樣呢？換句話說，當生產函數本身出現變化時，情況會有什麼改變？這時即使在資本上出現報酬遞減，仍可提高產量。也就是說，在已開發國家當中，人力資本的累積和技術進步，重要性更是不容小覷。少了這兩項因素，經濟成長恐怕終將陷於停滯。

歲時的年薪，必須工作到 94 歲才行。由此可知，國家的長期發展，和在不景氣時推動刺激就業等振興景氣方案一樣，都是攸關你我生活水準的重要問題。

一九六〇年，當時日本的池田勇人內閣擬訂的經濟計劃，祭出要在十年內讓國民所得翻倍成長的目標，被稱為是「所得倍增計劃」。套用剛才介紹的公式，在十年內要讓所得倍增，年經濟成長率需達到約 7%。後來由於農業與中小企業的現代化，加上政府大力推動產業資源合理分配，並重新檢討各地區的公共建設占比後，最終使得日本的年經濟成長率達到約 10%，成長幅度相當高，國民所得成功在十年內達到了翻倍的水準。

3. 經濟成長的分析方法

　　各位是否在電視或報紙上，看過「預估成長率將為〇%……」之類的報導呢？政府構思經濟政策，或企業擬訂新的投資計劃時，仔細觀察當前消費者和廠商的行為，並考量後續該採取什麼行動，至關重要。那麼，究竟該如何預估經濟成長率呢？所謂的經濟成長，就是指 GDP 數值提高，因此，只要想想哪些因素會讓 GDP 出現變動即可。我們在第八章學過，GDP 的變化，可從「生產面」和「支出面」這兩個面向來觀察，所以在預測經濟成長時，也可從這兩個面向來評估。

◇經濟成長率預測

　　只要讓 GDP 的主要決定因素都能大幅成長，經濟成長率就會隨之提高。因此，要預測未來的經濟成長率，只要知道會增加多少工廠（＝資本的成長率）、受僱勞工（勞動的成長率），以及技術會有多少進步（＝技術進步率）即可。這個概念，可整理成以下的公式：

> 經濟成長率＝技術進步率＋資本所得比 × 資本
> 的成長率＋勞動所得比 × 勞動的成長率

　　這裡的勞動所得比（labor share），是指勞動所得（工資等）在全日本所得當中的占比；而資本所得比（capital share）則是看全日本所得當中，有多少是歸屬於資本利得（股利股息和利息收入等）。

換言之，資本所得比和勞動所得比，就是在衡量資本、勞動的成長率，對經濟成長率有多少貢獻。我們把這個公式，稱之為「成長方程式」。利用成長方程式，就可以用 GDP 的幾個主要決定因素來拆解經濟成長率，並深入分析。

　　將勞動和資本發揮到極限時，所能達到的經濟成長率，我們稱之為潛在成長率（potential growth rate）——將此時的資本和勞動成長率代入成長方程式，就能算出潛在成長率。今後日本經濟的潛在成長率，預估將會落在 2％上下。而要在什麼樣的狀況下，才能突破潛在成長率呢？我們就從「少子高齡化日益加劇，並自二〇〇五年起出現人口負成長」的現象出發，一起來想一想。人口減少，意味著人口成長率出現負值，所以勞動的成長率也會出現負值。這將成為拉低潛在成長率的因素，更導致日本在全球的相對經濟地位逐步滑落。然而，若能開發出新技術，或提高勞動生產力，彌補勞動人口減少的缺口，應該就能大幅提高經濟成長率。我們可以像這樣，運用成長方程式，針對後續的狀況進行診斷，思考推出什麼樣的政策，才能提高經濟成長率。

第 14 章

◇貢獻率分析

　　接著，我們再試著從支出面來分析經濟成長率。各位是否曾聽過「從外需轉內需」這種說法？它的意思是指要靠消費與投資來穩定景氣，而不依賴外銷。從支出面來分析現在或過去的經濟成長率，找出那些因素推升（拉低）經濟成長率，就能知道經濟成長來源為何。我們把這樣的分析，稱為「貢獻率分析」。GDP 是來自消費、投資、政府支出和淨出口（出口－進口）的支出，貢獻率分析就是在評估這些項目的個別成長率，對經濟成長率有多少貢獻。我們可以把這個概念整理如下：

> 經濟成長率＝消費占比 × 消費成長率
> 　　　　　＋投資占比 × 投資成長率
> 　　　　　＋政府支出占比 × 政府支出成長率
> 　　　　　＋淨出口占比 × 淨出口成長率

　　各項目的「占比」，指的是各需求項目在 GDP 當中所占的比例。舉例來說，假如一個月的薪水有 20 萬日圓，花掉 16 萬，存下 4 萬，那麼消費的占比就是八成。因此，我們可以從消費占比和消費成長率相乘的數值，了解消費成長率對經濟成長率有多少貢獻。這個數值，我們稱之為「消費的貢獻率」。

　　請各位看圖 14-3。折線圖呈現的是經濟成長率，長條圖則是各個需求項目的貢獻率，也就是消費、政府支出、投資和淨出口的成長率，各推升（拉低）了多少經濟成長率。長條圖的白色部分代表民間消費，每年大致相去不遠，呈現穩定狀態。而黑色部分則代表

政府支出，從圖中可以看出，當 GDP 成長率偏低時，政府支出就
會大幅增加，意味著政府推動了刺激景氣方案。例如從圖中可知，
一九九九年和二○○一年逢經濟成長低迷時，政府大幅增加支出，
以支撐景氣救市。另外，灰色部分代表的是民間投資，也就是廠商
的投資。從圖中可以看出，當廠商投資銳減時，經濟成長率也會驟
降。這時政府除了要拉高政府支出，以促進景氣復甦之外，還要祭
出低利措施等政策，傾力打造能吸引廠商投資的環境。而淺灰色部
分則代表淨出口（外需），占的部分相當可觀，和資本形成一樣，
是影響經濟成長率的一大主因，足見日本經濟對外需的依賴程度之
高。像這樣進行貢獻率分析，就能運用以往的數據，找出推動經濟

【 圖 14-3　日本的貢獻率分析 】

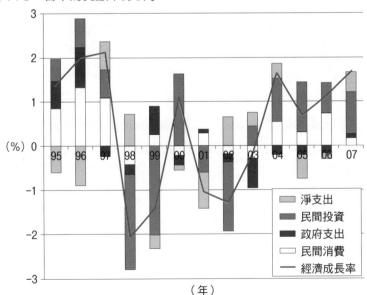

資料來源：日本總務省統計局

第 14 章

成長的需求項目,或預測各個需求項目後續的動向,推算出經濟成長率。不過,別忘了留意個別需求項目的波動,例如政府支出會在景氣低迷時增加等。

4. 制度與經濟成長

前面我們學習了經濟成長的重要性和分析方法,也明白若要增加生產,各家廠商和你我的努力都很重要。可是,如果不能讓付出努力的人拿到相對的報酬,那麼就算再怎麼拉高生產,恐怕也不會再有人想努力了。換句話說,政府需透過著作權和專利等方法,為那些開發出新技術的人,保障他們該有的權利。此外,如果光靠日本國內的資源,無法讓廠商籌措到必要的資金,政府就應該打造一個外國投資人願意前來投資的環境,這一點也很重要。所以,為了讓資金往來更順暢,日本政府也推動了多項政策、制度,包括東京證券交易所的電子化、以及網路下單交易等。還有,政府建置更完善的學校教育制度,或針對職場在職訓練和勞工吸收新知提供補助等,也都是透過提升人力資本推升經濟成長率的有效方法。由此可知,政府所推動的政策或制度,在推升經濟成長率的過程中,也都扮演著相當重要的角色。

專欄 14-2

中國的經濟成長

　　中國持續高經濟成長的狀態，已有約二十年的時間。很多人都說，中國的 GDP 將在二〇一〇年超越日本，坐上全球第二的寶座。推升中國經濟成長的原因，究竟是什麼？圖 14-4 是根據中國統計局統計數據（應相當於名目 GDP）所做的貢獻率分析。

【圖 14-4　中國的經濟成長率與貢獻率分析】

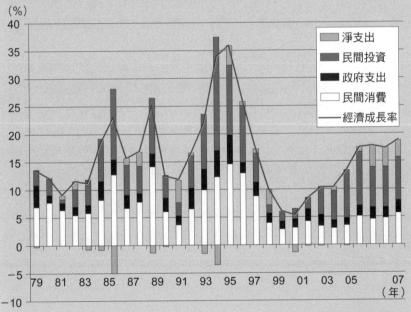

資料來源：中國統計局

　　從圖中可以發現，自一九九〇年代起，資本形成的占比就相當可觀。今日我們到處都能看得到「made in China」的商品，中國也被譽為「世界工廠」，很多人認為中國經濟成長的原因在於出口，但其實它的淨出口占比還沒有高到那樣的地步，成長的一大主因，是因為

第14章

不斷地創造資本。若再把中國的政治、經濟體制納入考量，不難發現這些資本形成當中，應該包含了政府的投資，許多基礎建設都在加速推動。

接著，我們再用成長方程式來看看中國的發展。中國自改革開放以來，除了長期維持高儲蓄率之外，國外的投資資金也可望不斷挹注，因此市場普遍認為它處於一個能維持高投資的環境，更預期中國的資本成長率之高，仍會持續下去。在勞動方面，受到一胎化政策的影響，預估未來人口將轉為負成長，但現階段工作年齡人口（working-age population）仍會持續增加。再從總要素生產力（Total Factor Productivity，簡稱 TFP，是指扣除資本和勞動貢獻之外的經濟成長，在正文當中用了「技術進步」一詞來表達這個概念）方面來評估，中國的人力資本成長，包括由政府主導的各項研發，各級學校的整建，以及派遣留學生到全球各地留學等面向，都深具成長潛力，因此也可給予正向預測。綜上所述，對於中國今後的持續成長，似乎可以樂觀看待。然而，在投資效率和 TFP 成長方面，各界其實還有不同的看法；另外，也有專家指出中國的環保與貧富差距等問題。究竟這些因素會對中國的經濟成長帶來什麼樣的影響？或許還有很多值得進一步探討的空間。

5. 結語

在本章當中，我們從「GDP 成長」的觀點，探討了何謂經濟成長。GDP 和民眾的所得息息相關，因此要有一定程度的 GDP，否則民眾就無法吃飽，也無法在乾淨的環境裡過活。還有，提升每個人的能力，是促進經濟成長的關鍵，但 GDP 太低，民眾就無法上學求知。不過話雖如此，光是推升 GDP，並不會讓每個人都過著幸福快樂的日子。短視近利，只求速成的開發，可能會引發公害，危害民眾的健康。還有，工時過長等因素，也可能使人過不了像樣的生活。因此，近年來，許多指標比 GDP 更受各界關注（例如人類發展指數（Human Development Index，簡稱 HDI）等）。不過再怎麼說，我們還是需要一定程度的衣食無缺、安居樂業、受教育，且能自己為人生做選擇的穩定生活。因此，我們還是要先追求經濟成長才行。

第14章

❓動動腦

1. 上網查一查世界各國的經濟成長率，想一想這些數值在各地區有什麼不同？
2. 上網查一查你父母出生的年度、你自己出生的年度，以及現在日本的經濟成長率，並了解一下當時發生了哪些和經濟有關的事件？
3. 參考本章所學的內容，想一想有哪些制度或政策能有效推升經濟成長率？

參考文獻

《總體經濟學》，伊藤元重著，日本評論社，2002 年。

《經濟成長理論入門——從新古典學派到內生成長理論》，查爾斯・瓊斯（Charles I. Jones），香西泰譯，日本經濟新聞社，1999 年。

進階閱讀

《經濟學原理 II：總體經濟學》（Principles of Macroeconomics）（第 2 版），葛雷葛利・麥基著，足立英之、石川城太、小川英治、地主敏樹、中馬宏之、柳川隆譯，東洋經濟新報社，2005 年。

《總體經濟學：入門》（第 3 版），福田慎一、照山博司著，有斐閣，2005 年。

作者介紹（依章節順序排列）

中谷 武（Nakatani takeshi）...序　章
神戶大學名譽教授

中村 保（Nakamura Tamotsu）.......................................第 1 章
神戶大學經濟學研究所 教授

高見博之（Takami Hiroyuki）.......................................第 2 章
大分大學經濟系 教授

畔津憲司（Azetsu Kenji）..第 3 章
北九州市立大學經濟系 副教授

大坂 洋（Osaka Hiroshi）...第 4 章
富山大學經濟系 副教授

塩田尚樹（Shiota Naoki）..第 5 章
獨協大學經濟系 教授

上田和宏（Ueda Kazuhiro）...第 6 章
日本福祉大學經濟系 教授

小葉武史（Koba Takeshi）...第 7 章
熊本學園大學經濟系 副教授

山下賢二（Yamashita Kenzi）.......................................第 8 章
岡山商科大學經濟系 專任講師

阿部太郎（Abe Taro）...第 9 章
名古屋大學經濟系 教授

井本 伸（Imoto Shin）..第 10 章
尾道市立大學經濟資訊系 教授

二宮健史郎（Nakatani Takeshiro）...............................第 11 章
立教大學經濟系教授

大野 隆（Ono Takashi）..第 12 章
同志社大學經濟系 教授

伴 光（Ban Hikari）...第 13 章
神戶學院大學經濟系 教授

土居潤子（Doi Junko）...第 14 章
關西大學經濟系 教授

新商業周刊叢書　BW0772

從零開始讀懂經濟學

原 文 書 名／1からの経済学
作　　　者／中谷武、中村保
譯　　　者／張嘉芬
責 任 編 輯／劉芸
版　　　權／黃淑敏、翁靜如、吳亭儀、邱珮芸
行 銷 業 務／王　瑜、黃崇華、林秀津、周佑潔

總　編　輯／陳美靜
總　經　理／彭之琬
事業群總經理／黃淑貞
發　行　人／何飛鵬
法 律 顧 問／台英國際商務法律事務所 羅明通律師
出　　　版／商周出版　台北市中山區民生東路二段141號9樓
　　　　　　電話：(02)2500-7008　傳真：(02)2500-7759
　　　　　　E-mail：bwp.service@cite.com.tw
發　　　行／英屬蓋曼群島商家庭傳媒股份有限公司 城邦分公司
　　　　　　台北市104民生東路二段141號2樓
　　　　　　讀者服務專線：0800-020-299 24小時傳真服務：(02) 2517-0999
　　　　　　讀者服務信箱E-mail: cs@cite.com.tw
　　　　　　劃撥帳號：19833503 戶名：英屬蓋曼群島商家庭傳媒股份有限公司城邦分公司
訂 購 服 務／書虫股份有限公司客服專線：(02) 2500-7718；2500-7719
　　　　　　服務時間：週一至週五上午09:30-12:00；下午13:30-17:00
　　　　　　24小時傳真專線：(02) 2500-1990；2500-1991
　　　　　　劃撥帳號：19863813 戶名：書虫股份有限公司
　　　　　　E-mail: service@readingclub.com.tw
香港發行所／城邦(香港)出版集團有限公司
　　　　　　香港灣仔駱克道193號東超商業中心1樓
　　　　　　電話：(825)2508-6231　傳真：(852)2578-9337
　　　　　　E-mail：hkcite@biznetvigator.com
馬新發行所／城邦(馬新)出版集團
　　　　　　Cite (M) Sdn Bhd
　　　　　　41, Jalan Radin Anum, Bandar Baru Sri Petaling, 57000 Kuala Lumpur, Malaysia.
　　　　　　電話：(603) 9057-8822 傳真：(603) 9057-6622 E-mail: cite@cite.com.my

封面設計／黃宏穎　　美術編輯／劉依婷　　印刷／韋懋實業有限公司
經 銷 商／聯合發行股份有限公司　電話：(02)2917-8022　傳真：(02) 2911-0053
　　　　　地址：新北市231新店區寶橋路235巷6弄6號2樓

　1 KARA NO KEIZAIGAKU
© TAKESHI NAKATANI / TAMOTSU NAKAMURA 2010
Originally published in Japan in 2010 by SEKIGAKUSHA INC.
Chinese translation rights arranged through TOHAN CORPORATION TOKYO.

2021年03月30日初版1刷

ISBN 978-986-5482-36-7　版權所有‧翻印必究（Printed in Taiwan）
定價／450元

國家圖書館出版品預行編目(CIP)資料

從零開始讀懂經濟學：不用懂艱深數學,一本掌握商
業世界運作的邏輯/中谷武, 中村保著；張嘉芬譯. --
初版. -- 臺北市：商周出版：英屬蓋曼群島商家庭傳
媒股份有限公司城邦分公司發行, 2021.03
　面；　公分
譯自：1からの経済学
ISBN 978-986-5482-36-7(平裝)

1.經濟學

550　　　　　　　　　　　　　　　110003351

城邦讀書花園
www.cite.com.tw

商周出版

104台北市民生東路二段141號2樓

英屬蓋曼群島商家庭傳媒股份有限公司
城邦分公司　收

請沿虛線對摺，謝謝！

商周出版

| 書號：BW0772 | 書名：從零開始讀懂經濟學 | 編碼： |

 商周出版

讀者回函卡

感謝您購買我們出版的書籍！請費心填寫此回函卡，我們將不定期寄上城邦集團最新的出版訊息。

不定期好禮相贈
立即加入：商周
Facebook 粉絲團

姓名：_____ 性別：□男 □女

生日：西元_____年_____月_____日

地址：_____

聯絡電話：_____ 傳真：_____

E-mail：

學歷：□ 1. 小學 □ 2. 國中 □ 3. 高中 □ 4. 大學 □ 5. 研究所以上

職業：□ 1. 學生 □ 2. 軍公教 □ 3. 服務 □ 4. 金融 □ 5. 製造 □ 6. 資訊
　　　□ 7. 傳播 □ 8. 自由業 □ 9. 農漁牧 □ 10. 家管 □ 11. 退休
　　　□ 12. 其他_____

您從何種方式得知本書消息？
　　　□ 1. 書店 □ 2. 網路 □ 3. 報紙 □ 4. 雜誌 □ 5. 廣播 □ 6. 電視
　　　□ 7. 親友推薦 □ 8. 其他_____

您通常以何種方式購書？
　　　□ 1. 書店 □ 2. 網路 □ 3. 傳真訂購 □ 4. 郵局劃撥 □ 5. 其他_____

您喜歡閱讀那些類別的書籍？
　　　□ 1. 財經商業 □ 2. 自然科學 □ 3. 歷史 □ 4. 法律 □ 5. 文學
　　　□ 6. 休閒旅遊 □ 7. 小說 □ 8. 人物傳記 □ 9. 生活、勵志 □ 10. 其他

對我們的建議：_____

_____

_____